Gestiona la ansiedad

SERIE INTELIGENCIA EMOCIONAL DE HBR

Serie Inteligencia Emocional de HBR

Cómo ser más humano en el entorno profesional

Esta serie sobre inteligencia emocional, extraída de artículos de la *Harvard Business Review*, presenta textos cuidadosamente seleccionados sobre los aspectos humanos de la vida laboral y personal. Estas lecturas, estimulantes y prácticas, ayudan a conseguir el bienestar emocional en el trabajo.

Mindfulness
Resiliencia
Felicidad
Empatía
El auténtico liderazgo
Influencia y persuasión
Cómo tratar con gente difícil
Liderazgo (Leadership Presence)
Propósito, sentido y pasión
Autoconciencia
Focus
Saber escuchar
Confianza
Poder e influencia
IE Virtual
Energía y motivación
Buenos hábitos
Inclusión
Perseverancia
Gestiona la ansiedad

Otro libro sobre inteligencia emocional de la
Harvard Business Review:

Inteligencia Emocional, 3ª edición

Gestiona la ansiedad

SERIE INTELIGENCIA EMOCIONAL DE HBR

Reverté Management
Barcelona · México

Harvard Business Review Press
Boston, Massachusetts

Gestiona la ansiedad
Serie Inteligencia Emocional de HBR
Managing your anxiety
HBR Emotional Intelligence Series

Loreto 13-15, Local B. 08029 Barcelona – España
revertemanagement.com

2ª impresión: marzo 2025

Edición en papel
ISBN: 978-84-17963-94-1

Edición ebook
ISBN: 978-84-291-9805-8 (ePub)
ISBN: 978-84-291-9806-5 (PDF)

Editores: Ariela Rodríguez / Ramón Reverté
Coordinación editorial y maquetación: Patricia Reverté
Traducción: Genís Monrabà Bueno
Revisión de textos: Jordi Padrosa

Impreso en España – *Printed in Spain*
Depósito legal: B 5657-2024
Impresión: Liberdúplex
Barcelona – España

114

Contenidos

Gestiona la ansiedad

SERIE INTELIGENCIA EMOCIONAL DE HBR

1

¿Tengo ansiedad o es solo estrés?

Charlotte Lieberman

Tienes que cumplir un plazo de entrega y tu jefe te manda un mensaje. Son las tres de la tarde y quiere saber si tienes tiempo para ayudarle en un proyecto que hay que entregar a las cinco. No tienes tiempo —aún no has almorzado—. «Es bastante urgente», explica, disculpándose por avisar con tan poco tiempo. Se te hace un nudo en el estómago y tus pensamientos empiezan a acelerarse. «Por supuesto», respondes. «Me encantará ayudarte». Decir «no», te habría supuesto el mismo estrés.

Una voz aparece de inmediato en tu cabeza para recordarte lo mal que trabajas bajo presión. *¿Recuerdas el ataque de pánico de la última vez? Si no puedes preparar una presentación completa en dos días,*

¡mucho menos en dos horas! Piensa en lo fácil que sería esto para tus compañeros de trabajo. ¿Por qué no puedes parecerte más a ellos? Afróntalo: es probable que este trabajo te atrape para siempre.

De repente son las 3:52 de la tarde y todo lo que has hecho es despreciarte. *Si no estuvieras tan ocupado preocupándote*, resuena la voz, *ya habrías empezado.*

¿Te resulta familiar? A mí también. He vivido con ansiedad toda mi vida.

Puede que estés pensando: «¿Ansiedad? Creía que solo era estrés».

El estrés y la ansiedad están relacionados, pero no son sinónimos. Ambos son respuestas adaptativas normales a los retos de la vida —el trabajo, las relaciones o la mortalidad, por mencionar solo algunos— y comparten muchos síntomas, como la preocupación, los dolores de estómago, el nerviosismo, la tensión muscular, los pensamientos acelerados, las jaquecas, las noches de insomnio o todas las anteriores.[1]

Por estas y otras razones, a menudo usamos las palabras «ansiedad» y «estrés» de forma indistinta.

No obstante, a pesar de sus similitudes, hay diferencias importantes entre ambas. Determinar qué te está pasando es el primer paso hacia el alivio.

¿Qué es el estrés?

El estrés se define de forma habitual como una reacción ante un desencadenante externo, y puede ser tanto agudo —un plazo de entrega corto— como crónico —problemas económicos persistentes—. En un mundo ideal, la duración del estrés como respuesta coincide con la de su desencadenante: una vez superado el factor estresante, el cuerpo puede volver a su estado natural.

Estrés agudo

¿Recuerdas el nudo en el estómago de antes? Es un ejemplo del estrés como reacción que tal vez conozcas mejor como «lucha o huida». Cuando algo estresante nos altera, nuestro cerebro inunda nuestro cuerpo con hormonas que nos empujan a reaccionar: la sangre abandona nuestros órganos digestivos y se desplaza hacia nuestras extremidades, lo que nos permite movernos de forma más rápida y eficiente.[2] El corazón late más deprisa y la respiración se acelera, llevando más oxígeno al flujo sanguíneo.

El estrés evolucionó como un mecanismo de supervivencia diseñado para facilitarnos la lucha o la huida en situaciones que ponen en peligro nuestra vida. Hoy en día, a pesar de que un correo electrónico poco razonable no implica la misma urgencia que un tigre hambriento en la sabana, nuestros cuerpos no distinguen la diferencia. Aunque el estrés quizá no sea muy agradable en el momento, puede ser útil para incitarnos a estar alerta y actuar cuando es necesario.

De hecho, la ley de Yerkes-Dodson en psicología propone que niveles de estrés moderados —o lo que los psicólogos llaman «excitación»— son óptimos para alcanzar nuestro máximo rendimiento. Solemos hablar de estar en «estado de flujo» o de «entrar en la zona» para referirnos a esta situación. Un nivel de estrés demasiado bajo lleva a un bajo rendimiento, mientras que demasiado estrés es la receta para una respuesta innecesaria de lucha o huida.

Estrés crónico

El estrés se vuelve problemático cuando no desaparece. Para muchos de nosotros, los factores estresantes casi continuos de la vida moderna, que parecen haberse intensificado y generalizado en los últimos años, han provocado que nuestros cuerpos respondan como si estuviéramos bajo una amenaza constante. Este estado emocional se conoce como «estrés crónico».

El estrés crónico puede provocar distintos problemas de salud física y mental, como por ejemplo hipertensión, problemas digestivos, ansiedad, depresión o insomnio. Por eso la gestión del estrés es tan importante.

El primer paso para que nuestro cuerpo vuelva a su estado natural es hacer una pausa, alejarnos un poco de la situación y reconocer que nuestro cuerpo y nuestra mente han entrado en un estado de emergencia. Desde este lugar consciente, podemos empezar a reaccionar con más habilidad ante la situación y ser más compasivos con nosotros mismos.

Entonces, ¿qué es la ansiedad?

Mientras que la respuesta fisiológica de lucha o huida es la característica definitoria del estrés, la ansiedad tiene múltiples componentes, entre los que se encuentra el pensamiento excesivo. La diferencia principal radica en que la ansiedad, a diferencia del estrés, suele desencadenarse *de forma interna* por pensamientos excesivos: juicios sobre el pasado, preocupaciones sobre el futuro y otros tantos.

Aunque es inusual sentir ansiedad de la nada, sin motivo aparente, puede aparecer como respuesta a una situación estresante. Tomemos el ejemplo de la petición de última hora de tu jefe. En algunas personas, esto puede desencadenar una «buena» respuesta adaptativa al estrés que les motive para terminar el trabajo. Pero para otras, esa primera punzada de estrés puede desencadenar un bucle de temor, preocupación y autocrítica. Este popurrí de emociones es lo que llamamos ansiedad.

Aunque muchas personas ven la ansiedad como otra de las formas en las que luchamos contra nosotros mismos, y la atribuyen a una espiral de preocupación, pensamiento excesivo y culpa, es algo más complicado. Igual que el estrés, la ansiedad puede ser útil en las situaciones adecuadas. Es una consecuencia de lo que el psicólogo Stephen Porges llama «nuestro imperativo biológico hacia la seguridad». La incomodidad que nos provoca fue diseñada para alertarnos de algo, con el objetivo de que estemos atentos y nos protejamos.

Luana Marques, una profesora asociada de psiquiatría de la Harvard Medical School y presidenta de la Anxiety and Depression Association of America, me dijo: «Aunque la ansiedad es incómoda, puede indicar que algo no va bien. [Imagina] que no tuvieras receptores del dolor y tocaras una superficie caliente: te quemarías. La ansiedad tiene ese mismo factor de protección que te dice: "Hay algo que tienes que hacer de forma distinta"».

Si escuchamos a nuestra ansiedad —en lugar de intentar silenciarla—, nos damos la oportunidad de romper el círculo vicioso. Pregúntate: «¿Qué está pasando? ¿Hay alguna razón por la que me siento así? ¿Qué puedo hacer al respecto?».

Está claro que es más fácil decirlo que hacerlo. Cuando sufrimos ansiedad —e incluso estrés—, el lóbulo frontal del cerebro, que suele encargarse del control cognitivo, se desconecta, lo que significa que somos menos capaces de pensar de forma crítica y de hacer cosas como planificar, organizar, pensar en el futuro o controlar nuestros propios impulsos. En su lugar, la parte más primitiva de nuestro cerebro —la amígdala— toma el mando. Los expertos lo llaman el «secuestro de la amígdala».

Diferenciar el estrés, la ansiedad y el trastorno de ansiedad

Si no se controlan, tanto el estrés como la ansiedad pueden escalar hacia problemas de salud mental más graves. El trastorno de ansiedad —en el que se incluyen el trastorno de ansiedad generalizada (TAG), el trastorno de pánico, el trastorno de estrés postraumático (TEPT) y el trastorno obsesivo-compulsivo (TOC)— es el problema de salud mental más común en EE. UU., y afecta a más de cuarenta millones de estadounidenses.[3] A nivel global, los trastornos de ansiedad también constituyen el problema de salud mental más común, y afectan a una de cada trece personas.

El criterio básico para determinar si el estrés o la ansiedad se han vuelto problemáticos es que hayan empezado a afectar negativamente áreas clave de la vida, como el trabajo o las situaciones sociales. «Tal vez tienes problemas para dormir o para concentrarte, o presentes más síntomas como la irritabilidad o la tristeza», dijo Marques. «La regla de oro es que estas cosas tienen que darse de forma constante durante el tiempo suficiente para que puedan calificarse de trastorno de ansiedad».

Sentir que podemos o no manejar nuestro estrés o ansiedad en un momento dado es una cuestión muy personal, en especial si tenemos en cuenta que cierto grado de ambas cosas es necesario para estar motivados. «La mayoría de la gente es capaz de detectar cuándo el estrés o la ansiedad se convierten en demasiado», dijo Marques. «Cuando empiezas a ver esa interferencia de forma regular [en tu vida], suele ser el momento de buscar ayuda».

Aunque comprender de dónde vienen el estrés y la ansiedad, y la diferencia entre ambos estados, no hará desaparecer lo que sentimos, es el primer paso y el más importante para librarnos del malestar, ya sea por nuestra cuenta o con un terapeuta. Porque, al igual que muchas otras cosas que hacemos, sentimos y pensamos, el estrés y la ansiedad pueden convertirse en hábitos con facilidad; en caminos recorridos tantas veces que la mayoría de nosotros terminamos lidiando con ellos en piloto automático.

Toma la decisión de ser consciente de estas cosas cuando se manifiesten en ti: cómo te hacen sentir, en que parte del cuerpo se instalan, qué las activa. Al hacerlo, te estarás abriendo a la curiosidad. La curiosidad es lo más cerca que podemos estar del opuesto energético a la ansiedad. Es expansiva, generosa y humilde. Cuando somos curiosos, hay un mundo entero ahí fuera, una cantidad infinita de caminos alternativos, como por ejemplo pedir ayuda cuando la necesitamos.

CHARLOTTE LIEBERMAN es escritora multidisciplinar, User Experience Leader y coach titulada. Ha escrito sobre salud mental en *The New York Times*, *Harvard Business Review* y *Marie Claire* entre otros medios.

Notas

1. American Psychological Association. (última actualización 14 de febrero de 2022). *What's the Difference Between Stress and Anxiety?*. Recuperado de https://www.apa.org/topics/stress/anxiety/difference.
2. GoodTherapy.org. (última actualización 11 de agosto de 2015). *Limbic System*. Recuperado de https://goodtherapy.org/blog/limbicsystem/; Harvard Health Publishing. (6 de julio de 2020). *Understanding the Stress Response*. Recuperado de https://www.health.harvard.edu/staying-healthy/understanding-the-stress-response/
3. Anxiety & Depression Association of America. (consultado el 8 de junio de 2023). *Anxiety Disorders-Facts and Statistics*. Recuperado de https://adaa.org/about-adaa/press-room/facts-statistics/

Adaptado a partir de contenido publicado en hbr.org
el 15 de enero de 2021.

2

Cómo gestionar tu ansiedad

Charlotte Lieberman

Cuando tenía nueve años, el primer terapeuta que tuve en mi vida me diagnosticó un trastorno de ansiedad. Mis padres me arrastraron a terapia después de haberme pillado limpiando su baño en repetidas ocasiones. No me importó, pero estaba desconcertada. Yo no veía nada de malo en lo que estaba haciendo: organizaba su armario de los medicamentos por color y tamaño y tiraba los antibióticos caducados y los botes pegajosos de jarabe para la tos. Lo que más me gustaba era pasar un trapo con agua caliente por el lavamanos, sintiendo cómo desaparecían mis preocupaciones junto con los restos de afeitado y la espuma del jabón. La limpieza me permitía sentir que podía encontrar orden interior en el caos exterior: nuestro diminuto apartamento de Nueva York, los murmullos del matrimonio en crisis de mis padres o el malestar creciente de la adolescencia.

Ahora, dos décadas después, sigo confiando en la limpieza como mecanismo para sobrellevar la ansiedad. Mi terapeuta actual me anima a que, en lugar de eso, «abrace el sentimiento». Y algunas veces puedo tolerarlo. Hay mañanas en las que me puedo levantar, ducharme y afrontar el día con cierta facilidad. También hay mañanas, como la de hoy, en las que me siento atrapada en un laberinto de pensamientos negativos. Dar paseos me ayuda. Igual que ponerme una almohadilla térmica sobre el estómago. De momento, estoy abrazando mi ansiedad, bebiéndome mi café matutino y recordándome que debo estar agradecida por el sistema de apoyo que tengo y las herramientas que me ayudan a gestionarla.

Todo es cuestión de práctica.

A partir de mi experiencia personal y de la investigación, he aprendido que no hay una solución única a la hora de determinar cuándo la ansiedad se vuelve inadaptada y cuándo hay que buscar ayuda. El hecho es que la ansiedad se presenta en intensidades y formas distintas en cada uno de nosotros en función de nuestra química cerebral, composición genética, historia personal, entorno o relaciones sociales, por citar algunos factores.

En términos generales, la ansiedad se vuelve problemática cuando sentimos que no podemos manejarla, lo cual también significa cosas distintas para cada persona. Quizá su intensidad obstaculiza tu funcionamiento diario. Tal vez la sensación es tan difusa y tan poco específica que te sientes perdido porque no sabes cómo abordarla, y el hecho de preguntarte qué te pasa no hace más que hundirte en un lodazal de pensamientos ansiosos. Puede que te sientas atrapado pensando en algo que sabes que no es un motivo de preocupación, pero, aun así, no puedes evitarlo. Estas son solo algunas de las señales indicativas de que el apoyo de un profesional de la salud mental podría ayudarte. En mi caso, ha sido así.

Ya sea por tus propios medios o junto con un terapeuta —yo recomiendo hacer ambas cosas—, la clave para gestionar la ansiedad es aprender a identificarla, comprenderla y responder con autocompasión. A continuación, te presento algunos ejercicios, basados en la investigación, que espero que puedan ayudarte a lidiar con la ansiedad de forma más hábil, con independencia de cómo la experimentes.

Identifica y conoce tu ansiedad

Desde la industria del bienestar hasta la tecnológica, pasando por muchos otros ámbitos, el capitalismo ha influido en nuestra forma de pensar incluso en lo que atañe a nuestros problemas más mundanos. El hambre, la sed, el cansancio, el aburrimiento: existe una aplicación para cada uno de ellos. Pero plantear la ansiedad como un «problema» que necesita un remedio rápido puede activar un círculo vicioso que tal vez conozcas como «lucha o huida». Cuando vemos nuestras propias emociones dolorosas como una «amenaza» contra la que tenemos que luchar o de la que tenemos que huir, nos convertimos en nuestro propio enemigo. Así pues, ¿qué tal si, en lugar de trabajar contra nosotros mismos e intentar resistir o escapar de los sentimientos negativos, tan solo los saludáramos?

Las investigaciones han demostrado que las técnicas del mindfulness, como el trabajo respiratorio, pueden reducir la ansiedad y mejorar la cognición.[1] Nos ayudan a acceder a la región del cerebro responsable de la conciencia, la concentración y la toma de decisiones —el córtex prefrontal—, y nos sitúan en un estado más calmado y centrado. Somos capaces de pensar con mayor claridad y tomar decisiones mejores y más meditadas en lugar de confiar en la parte de nuestros cerebros que ve la ansiedad como una amenaza —la amígdala—.

La próxima vez que entres en espiral —ya sea sobre el trabajo, sobre tu pareja o sobre nada en concreto—, detente e imagina que la ansiedad está llamando a tu puerta. Dile: «¡Un minuto!». Entonces, date un momento de pausa y prueba este ciclo de respiración: inhala durante cuatro segundos, aguanta la respiración durante cuatro segundos, exhala durante cuatro segundos y aguanta de nuevo durante cuatro segundos. Esta técnica es conocida como «respiración cuadrada», y es una forma rápida y efectiva de calmar nuestro sistema nervioso engañando a nuestra mente para que crea que el cuerpo está relajado.

Una vez calmado, imagina que abres la puerta y dices: «Ah, eres la ansiedad. Gracias por venir, pero no estoy disponible en este momento».

El objetivo es crear, de manera amable, distancia entre tú, tus pensamientos y tus emociones. También puede ser útil identificar en qué parte de tu cuerpo residen esas sensaciones incómodas. ¿Notas una opresión en el pecho o tienes el estómago revuelto? Limítate a observar. Al dar un paso atrás y distanciarte de tu malestar, tal vez puedas relacionarte con él con algo más de claridad. Obtienes el alivio de la perspectiva: esto es una experiencia incómoda, no soy *yo*.

Elige un anclaje

Las rutinas pueden ayudar a reducir la sensación general de ansiedad y suelen ser antídotos eficaces para aquellas personas con trastornos mentales más graves.[2] Hacer una misma cosa en intervalos regulares manda la señal a nuestro cerebro de que estamos a salvo. Llámalo rutina, ritual o anclaje, lo que más te resuene.

Lo que elijas hacer es cosa tuya. Puede ser incluso algo tan sencillo que dé risa. *Yo sé que todos los días doy un paseo a las doce del mediodía, antes de comer. Bebo un vaso de agua justo al despertarme. Leo el periódico antes de revisar mi correo electrónico.*

Para mí, escribir tres páginas de mi diario cada mañana es innegociable. Esto significa que lo hago tanto si me apetece como si no. Saber que puedo llevar a cabo esta tarea, pase lo que pase, me proporciona una fuente fiable de confianza en mí misma, a la que puedo recurrir siempre que me asalte la ansiedad. Además, escribir mis pensamientos es un ejercicio catártico y de arraigo en sí mismo. Y no solo me pasa a mí: escribir un diario se utiliza a menudo como herramienta terapéutica para tratar la ansiedad y otros problemas de salud mental.[3]

Sea cual sea la rutina que elijas, conviértela en un compromiso formal. Cuéntale tu rutina a tu pareja, a un amigo o a un compañero de trabajo, y pídeles que te pregunten por ella una vez por semana si esto te ayuda a mantener el compromiso. También puedes escribirla en una nota adhesiva y pegarla en tu portátil. Pero no lo conviertas en una tarea.

Una vez que lo pongas en práctica, puede que sientas más seguridad y bienestar. Y cuando tengas un desliz, intenta perdonarte y pasar página.

Redefine la autodisciplina como una forma de bondad

Solemos estar condicionados para creer que ser nuestro «mejor yo» es el resultado de seguir una lista interminable de #objetivos de #autocuidado. Pero para aquellos de nosotros que sufrimos ansiedad, el autocuidado puede ser, en realidad, una gran fuente de estrés. Mi ansiedad se presta al perfeccionismo, lo que significa que me estremezco de forma instintiva ante la idea de añadir lo que sea a mi lista de tareas.

Durante mucho tiempo, me privé de los beneficios de hacer ejercicio, evité tener una vida social y abandoné mis aficiones porque me sentía abrumada por la idea de tener más cosas «que hacer», pero también por tener que hacerlas a la perfección. Después del trabajo, me iba a mi casa, pedía comida para llevar y navegaba por Instagram hasta que se me cerraban los ojos. Esto, me decía, era autocuidado. Salvo porque me hacía sentir fatal.

Con el tiempo, y con la ayuda de mi terapeuta, llegué a poder adoptar una actitud distinta. Sí, el autocuidado requiere cierto grado de disciplina. Pero la disciplina puede ser bondadosa.

El yoga y la meditación son dos formas de practicar lo que yo llamo «disciplina de apoyo». Centrarse en la respiración y liberarse con suavidad de las distracciones a medida que surgen requiere bondad y disciplina. En el budismo, este principio clave se traduce más o menos como «esfuerzo apropiado». Como me explicó una vez un profesor de meditación, podemos pensar en la respiración como si se tratara de un objeto frágil: si lo agarramos con demasiada fuerza, se romperá, pero si aflojamos la mano por completo, se caerá. Para mí, la práctica de encontrar y mantener este delicado equilibrio es un gran ejemplo de disciplina de apoyo.

Por supuesto, la meditación no sienta bien a todo el mundo, y no pasa nada. Hay infinitas formas de practicar la bondad con uno mismo y conectar con el momento presente. Puedes probar nuevas aficiones, como elaborar cerveza, hacer crochet, el patinaje o la cría de abejas. Hacer ejercicio, dibujar y escuchar música son formas contrastadas de reducir la ansiedad y regular las emociones.[4] Encuentra lo que te funcione. Y hazlo. Punto.

Visualiza el cambio positivo

Cuando sufrimos ansiedad, encontrar la motivación para hacer *cualquier* cosa puede ser la parte más complicada. Intenta conectar con el sentimiento positivo resultante de llevar a cabo esta acción «difícil», ya sea salir a correr o levantarte de la cama por la mañana. El simple hecho de imaginar el éxito está correlacionado con la motivación y con la realización de objetivos.[5]

Cuando pienses en lo bien que te hará sentir, sea lo que sea, anímate como animarías a un buen amigo. Existen numerosas investigaciones recientes sobre los beneficios para la salud mental del «autodistanciamiento», que los investigadores comparan con «la experiencia de pedir consejo a un amigo sobre un problema difícil».[6] En lugar de sumergirnos en la dolorosa y, a menudo, paralizante sensación de ansiedad, podemos imaginarnos por un momento a nosotros mismos ofreciendo consejo a un buen amigo. *Haz estiramientos. Prepara una macedonia. Mira*

QUÉ DECIRLE A UN COLEGA ANSIOSO

Por Ellen Hendriksen

¿Has notado que alguien en tu trabajo tenga ansiedad? Puede ser que camine de un lado a otro por el pasillo o quizá solo parezca inquieto. ¿Y si un compañero se te acerca y te dice que está ansioso por un informe que va a presentar? ¿Cómo reaccionarías?

No intentes ofrecer soluciones rápidas, como, por ejemplo: «¿Has probado el yoga?» o «He oído que el aceite esencial de lavanda puede hacer maravillas». Este tipo de consejos, aunque son bienintencionados, pueden resultar poco convincentes. Y lo que es peor, dar consejo crea una dinámica experto/aficionado en vez de una relación entre iguales. Del mismo modo, mensajes como «Cálmate», «No hay nada que temer» o «No te preocupes» son ineficaces y pueden parecer poco solidarios.

En lugar de eso, comparte su experiencia: «Tiene todo el sentido que estemos todos estresados en este momento» o «Créeme, nadie está haciendo su mejor trabajo en estos días». O plantéate confesar algo que sea adecuado para un lugar de trabajo, como, por ejemplo: «Ha sido un verdadero reto compaginarlo todo» o «Lo peor para mí es no saber cómo ni cuándo acabará todo esto».

Algunas preocupaciones se expresan en forma de «y si»: «¿Y si no consigo el aumento?» o «¿Y si mis padres, ya mayores, enferman?». Ten en cuenta que el «y si» es retórico, pero no dejes de indagar en busca de una respuesta: «Pensar eso da miedo. ¿Qué *harías* tú?». La ansiedad está motivada por la incertidumbre, y generar un plan crea certidumbre, lo que, a su vez, puede reducir la ansiedad. Apoyar a tu colega mientras piensa en un plan de acción —sin dar consejos— puede ser útil y no invalida sus miedos.

Ellen Hendriksen es psicóloga clínica y autora de *How to Be Yourself: Quiet Your Inner Critic and Rise Above Social Anxiety*.

Adaptado de When Anxiety Becomes Unbearable en hbr.org, 11 de mayo de 2020 (producto #H05LMS).

una comedia romántica. (Véase el recuadro «Qué decirle a un colega ansioso»).

La ansiedad es testaruda, de modo que es probable que intentes escabullirte del buen consejo que te está dando tu yo «distanciado». Pero intenta vincularte con este juego de rol mental lo mejor que puedas. «Mientras que para la persona que está experimentando un dilema personal suele ser difícil razonar de forma objetiva sobre sus propias circunstancias», explican los investigadores, «los amigos son, muchas veces, los únicos que pueden proporcionar consejos sabios, porque no están involucrados en la experiencia».

¡Imagínatelo! ¿Cómo sería *no* estar involucrado en la experiencia de la ansiedad? Sé creativo.

Por muy sencillos que sean estos consejos, es posible que no siempre nos resulten fáciles de seguir. Desde luego no lo son para mí. Si algo se le da bien a la ansiedad, es conseguir que las cosas sencillas parezcan complicadas e infranqueables.

En conclusión, podemos elegir ser más bondadosos, pacientes y compasivos con nosotros mismos.

Los sentimientos incómodos persistirán y remitirán —y luego volverán a persistir—. Lo más productivo que podemos hacer es presentarnos ante nosotros mismos y los demás con la mente y el corazón abiertos. Tal vez no sea la máxima prioridad en tu lista de cosas que hacer, pero deja que lo sea lo suficiente.

CHARLOTTE LIEBERMAN es escritora multidisciplinar, User Experience Leader y coach titulada. Ha escrito sobre salud mental en *The New York Times*, *Harvard Business Review* y *Marie Claire* entre otros medios.

Notas

1. Melnychuk, M. C. y otros. (2018). *Coupling of respiration and attention via the locus coeruleus: Effects of meditation and pranayama*. Psychophysiology 55, 9.
2. *Consistent routines may ease bipolar disorder*. (2008). Monitor on psychology 39, 2: 10. Recuperado de https://apa.org/monitor/feb08/consistent.
3. Pennebaker, J. W. (2017). *Expressive writing in psychological science*. Perspectives on Psychological Science. 13, 2: 226-229.
4. Aylett, E., Small, N. y Bower, P. (2018). *Exercise in the treatment of clinical anxiety in general practice—A systematic review and meta-analysis*. BMC Health Services

Research 18, 559. ; Abbing, A. y otros. (2018). *The effectiveness of art therapy for anxiety in adults: A systematic review of randomised and non-randomised controlled trials. PLOS One* 13, 12. recuperado de https://doi.org/10.1371/journal.pone.0208716; de Witte, M. y otros. (2020). *Effects of music interventions on stress-related outcomes: A systematic review and two meta-analyses.* Health Psychology Review 14, 2: 294–324.

5. Blankert, T. y Hamstra, M. R. W. (2017). *Imagining success: Multiple achievement goals and the effectiveness of imagery.* Basic and Applied Social Psychology. 39, 1: 60–67.
6. Kross, E. y Ayduk, O. (2017). *Chapter two—Self-distancing: Theory, research, and current directions.* Advances in Experimental Social Psychology. 55: 81–136.

Adaptado a partir de contenido publicado en hbr.org
el 18 de septiembre de 2020.

3

Lo que la ansiedad nos hace en el trabajo

Alice Boyes

Tengo un cerebro con tendencia a la ansiedad. Cuando se presenta una idea nueva, mi primer instinto suele ser pensar en lo que podría salir mal y ponerme en el peor escenario posible. Siempre que la comunicación es ambigua, la primera conclusión a la que llego es negativa.

Si tú también compartes estas tendencias, no tienes por qué ser capaz de cambiarlas ni necesitas hacerlo: es probable que esa sea tu configuración por defecto y puede producir resultados positivos, como, por ejemplo, ser una persona diligente y sensible con los demás. No obstante, puedes aprender a darte cuenta de cuándo estás viendo a través de unas gafas tintadas de ansiedad y modificar tu pensamiento para que no te limite. A continuación, te presento algunas formas habituales con las que la ansiedad puede causarte problemas en el trabajo, y sugerencias para poder minimizarlas.

Malinterpretas la opinión que los demás tienen de ti

La gente ansiosa tiene tendencia a preocuparse por si no cae bien o por si los demás no ven su talento. Por ejemplo, supongamos que un compañero de trabajo no te saluda con tanto afecto como saluda a otros, y siempre parece que tenga prisa cuando interactuáis. Das por hecho que no le caes bien. Pero, siendo realistas, hay otras posibilidades: tal vez es más afectuoso con gente a quien conoce mejor o su única forma de socializar es haciendo bromas y tú transmites seriedad. Al sentir que no le caes bien, evitas a ese compañero de trabajo, pero entonces puede que él se sienta desairado, ¡y llegue a la conclusión de que es *él* quien no te cae bien a ti!

Lo importante es reconocer cuándo estás interpretando una situación interpersonal sin pruebas sólidas. Igual de importante —si no más— es comprender que, aunque no le gustes a tu compañero —en el ámbito profesional—, todavía podéis mantener una relación fructífera.

Estás a la defensiva cuando recibes feedback

Las personas ansiosas suelen estar motivadas para alcanzar el éxito y, por ello, quieren recibir feedback que les ayude a mejorar. Pero también tienden a verlo como una catástrofe y una señal de que están condenadas a fracasar. Si esto te resulta familiar, averigua qué es lo que hace que estés más abierto a las críticas. En mi caso, esto incluye recibir feedback de personas en cuyos consejos confíe y que crean en mis competencias o talento en general, escuchar las críticas entre comentarios positivos, recibir los comentarios por correo electrónico —para poder digerirlos con calma— y obtenerlos cuando los pido o los espero —para sentir que tengo más control—.

La otra cara de saber cómo te gusta recibir feedback es ser consciente de cómo *no* te gusta recibirlo, y encontrar una forma de sentirte más a gusto en estas situaciones. Por ejemplo, a mí me resulta difícil recibir críticas de gente nueva, pero también valoro mucho las nuevas perspectivas; por lo tanto, estoy dispuesta a tolerar la ansiedad que me provoca. También es útil tener algunas respuestas enlatadas para cuando el feedback que recibes te provoca un pico de ansiedad y necesitas tiempo para modular tu reacción, como por ejemplo; «Son buenas observaciones. Déjame pensar en ellas y encontrar una estrategia para poder implementar tus sugerencias».

Evitas ciertas situaciones y luego te ven como una persona difícil

Tenemos tendencia a evitar las cosas que nos generan ansiedad para luego avergonzarnos de ello. Esto provoca que seamos poco claros en nuestra comunicación. Este problema puede manifestarse de formas más o menos sutiles. Tal vez te resulte incómodo responder un correo electrónico y lo aplazas, dando así la impresión de ser una persona poco fiable, desorganizada o poco clara. O quizá tu miedo patológico a volar te hace rechazar viajes de trabajo.

En muchos casos, es mejor ser sincero sobre lo que está provocando tu indecisión. No siempre recibirás la comprensión que esperas, pero la transparencia reduce el nivel de estrés de todas las partes, favorece la confianza y suele percibirse como algo valiente y sincero.

Reaccionas de forma negativa a las ideas inesperadas

Si tu primer pensamiento cuando se te presentan ideas nuevas es tener en cuenta los riesgos, los inconvenientes y las razones por las que no funcionarán, es probable que los demás se den cuenta de tu instinto y, peor aún, puede que lo consideren una desagradable negatividad. Aunque sea solo tu reacción inicial, puede ser desmoralizante y molesto para quien ve esa idea como una forma de avanzar.

Si eres una persona con tendencia a ver los inconvenientes, te recomiendo que te entrenes para dar tu feedback con la técnica bocadillo o sándwich (elogio, crítica, elogio...). Asegúrate de que tu primera reacción a una idea nueva es comentar sus ventajas. Hacer esto ayudará a tu cerebro a mejorar en el pensamiento equilibrado y te beneficiará en general. Luego puedes mencionar tus preocupaciones, pero termina con un comentario positivo. Otra estrategia es retrasar tu reacción, aunque sea solo unas horas, para que, cuando respondas, lo hagas con una respuesta meditada.

La ansiedad puede motivar a las personas de formas muy positivas. El miedo al rechazo, por ejemplo, puede hacer que te esfuerces más en las relaciones y las valores con mayor intensidad, y ser sensible, prudente y cuidadoso puede mejorar tu rendimiento en tareas difíciles. Cuanto más comprendas cómo funciona tu ansiedad, más podrás maximizar estos aspectos positivos y minimizar los negativos para aceptarte mejor y ser más capaz de afrontar los retos que surgen en el trabajo.

ALICE BOYES es una expsicóloga clínica convertida en escritora y autora de *The Healthy Mind Toolkit*, *The Anxiety Toolkit* y *Stress-free Productivity*.

Adaptado a partir de contenido publicado en hbr.org
el 17 de mayo de 2019 (producto #H04YHD).

4

Deja de preguntarte: «¿Qué es lo peor que podría pasar?

Amantha Imber

Recuerda algún momento en el que intentaras hacer algo que te asustaba. Quizá tuviste que hacer una presentación arriesgada delante de un grupo numeroso de personas. Tal vez reuniste el coraje suficiente para pedirle un aumento a tu jefe. O tal vez asumiste un gran riesgo, como dejar un trabajo tóxico sin tener aún otra oportunidad esperándote. El miedo es una emoción universal y aparece cuando pensamos que podemos experimentar dolor físico o psicológico.

Si hubieras hablado con alguien sobre cómo te sentías en los momentos previos al acontecimiento que temías, es probable que un amigo bienintencionado te hubiera dicho: «Pregúntate: "¿Qué es lo peor que podría pasar?"».

Cuando entrevisté a Michelle Poler —fundadora del movimiento social Hello Fears, que ha llegado a setenta millones de personas en todo el mundo— para mi pódcast *How I Work*, me dijo que ella también había escuchado ese consejo cientos de veces. En 2015, Poler estaba haciendo un máster en gestión de marcas cuando empezó un proyecto consistente en vencer cien miedos en cien días. Se acababa de mudar a Nueva York y se había dado cuenta de que sus miedos le estaban impidiendo aceptar su nuevo hogar y disfrutarlo. Más tarde, el proyecto se convirtió en un movimiento global y apareció en el programa *Today* de la NBC, en Fox News, en la CBS y en la CNN entre otros medios.

Poler me dijo que, durante el proceso, mientras estaba superando miedos como hacer monólogos humorísticos, saltar desde acantilados o nadar entre tiburones, la gente a menudo le preguntaba: «¿Qué es lo peor que podría pasar?». Aunque Poler podía admitir que tal vez no muriera, había muchas otras cosas malas en las que esta pregunta le hacía pensar.

«Tal vez no muera, pero me pondré en evidencia», pensaba. «Tal vez fracase. Tal vez me rechacen. Quizá dañe mi ego y mi autoestima. Hay muchas cosas que pueden salir mal si me arriesgo».

El principal problema de esta pregunta tan frecuente es que todo su propósito consiste en hacernos imaginar las peores situaciones posibles, y eso puede hacer que las cosas malas, que quizá sucedan si tomamos ese camino menos transitado y aterrador, nos parezcan una catástrofe.

Al darse cuenta, Poler decidió cambiarlo.

«Si queremos afrontar el miedo de verdad y hacerlo con la mejor actitud, en lugar de obsesionarnos con lo peor, tenemos que preguntarnos: "¿Qué es lo mejor que podría pasar?"», me dijo Poler. Cuando pensamos en lo peor que podría pasar, nuestro cerebro se llena de pensamientos e imágenes negativas que encienden nuestros miedos, preocupaciones y ansiedades. Cuando pensamos en las mejores posibilidades, sucede lo contrario. «Nos recuerda las razones por las que pensamos que asumir un riesgo era una buena idea», dijo Poler. Tal vez consigamos un aumento de sueldo, tengamos un impacto muy positivo en nuestro equipo o nos sintamos tremendamente orgullosos —por no hablar de la adrenalina— de tener la valentía que supone dejar un trabajo desmoralizante.

Una investigación publicada en el *Journal of Positive Psychology* apoya esta reformulación. Kathryn Adair Boulus, de la Duke University, lideró esta investigación y descubrió que las personas que pensaban tan solo seis veces a lo largo de un mes en un acontecimiento positivo que esperaban que sucediera, decían sentirse más resilientes y menos deprimidas en comparación con las que no lo hacían.[1] Adair también descubrió que, cuando el grupo del «acontecimiento futuro positivo» experimentaba una decepción, esos sentimientos remitían con mayor rapidez.

En resumen, cuanto más seguros nos sintamos ante la incertidumbre, más felices nos sentiremos en el presente y más preparados estaremos para los contratiempos que, de forma inevitable, nos deparará el futuro.

La próxima vez que sientas inquietud acerca de un acontecimiento o actividad que se te haya asignado, pruébalo. Pregúntate: «¿Qué es lo mejor que podría pasar?». Tómate unos minutos para pensarlo y escribe tu respuesta. Luego dedica un tiempo a internalizar de verdad todas las posibilidades positivas. Mirar tu lista te ayudará a armarte de valor para actuar —y enfrentar tu miedo—.

AMANTHA IMBER es autora de *Time Wise*, fundadora de la consultoría sobre ciencias del comportamiento Inventium y presentadora de *How I Work*, un pódcast sobre los hábitos y rituales de las personas más exitosas del mundo.

Nota

1. Adair, K. C., Kennedy, L. A. y Sexton, J. B. (julio de 2020). *Three good tools: Positively reflecting backwards and forwards is associated with robust improvements in well-being across three distinct interventions*. Journal of Positive Psychology. 15, 5: 613-622.

Adaptado a partir de contenido publicado en hbr.org
el 27 de julio de 2022.

5

Cómo detener la rumiación

Alice Boyes

¿Alguna vez te ocurre que repites en tu mente, una y otra vez, situaciones en las que desearías haber actuado de otra forma? Hay algo que desearías no haber dicho. Te habría gustado ofrecerte para un proyecto que ahora está recibiendo elogios. Desearías haber dado tu opinión. Desearías no haber metido la pata con un cliente potencial.

Esta forma de pensar en exceso es lo que entendemos por *rumiación mental*. Mientras nos preocupamos por lo que puede suceder en el futuro, rumiamos sobre acontecimientos que ya han ocurrido. Cuando un acontecimiento provoca una reacción de rumiación mental, se suelen activar recuerdos de situaciones similares ocurridas en el pasado, y prestamos una atención improductiva a la brecha entre el yo real y el yo ideal. A raíz de ese acontecimiento, empiezas a reprocharte no tener más organización, ambición, inteligencia, disciplina o carisma.

La rumiación no solo es desagradable. Está muy relacionada con tener poca capacidad para resolver problemas, y con la ansiedad y la depresión. La buena noticia es que hay soluciones eficaces para salir de este atolladero y son más sencillas de lo que puedas pensar.

Identifica los desencadenantes más habituales

No puedes detener la rumiación si no te das cuenta de que lo estás haciendo, pero no siempre somos capaces de identificarlo en nosotros mismos. Una buena manera de mejorar en este aspecto es pensar en qué lo ha desencadenado en el pasado. Tu lista podría ser algo así:

- Colaborar con personas en las que todavía no confío
- Estar cerca de personas que parecen más inteligentes o ambiciosas que yo
- Subir un escalón en mi carrera
- Tomar decisiones económicas importantes

Observa si el patrón dominante de tu rumiación es culparte a ti o a los demás. La mayoría de las personas con tendencia a la rumiación se inclinan hacia un lado u otro.

Distánciate en lo psicológico

A continuación, tienes que poner cierta distancia psicológica entre tú y las cosas sobre las que rumias. Por ejemplo, quizá te preocupe cómo te perciben personas que no tienen ninguna influencia en tu éxito, te obsesionas con cantidades muy pequeñas de dinero o te ves como una persona mediocre a pesar de estar haciéndolo muy bien desde un punto de vista objetivo. Una forma de empezar a tomar esta distancia es etiquetar lo que pasa por tu cabeza como «pensamientos» y «sentimientos». De modo que, en lugar de decir que eres inepto, podrías decir: «Siento que soy inepto». Podrías incluso tomártelo con más ligereza: «Oh, solo es mi mente rumiante recalentándose otra vez».

Reconocer lo absurdo de algunas de tus reacciones también puede ayudarte a tomártelas menos en serio. Busca cualquier señal sutil de prepotencia o ensimismamiento oculta en tus cavilaciones. ¿Esperas que las cosas salgan siempre como tú quieres? ¿Tienes tendencia a pensar que la gente te está examinando cuando, en realidad, puede que estén pensando en ellos mismos? ¿Pasas tiempo comparándote con superestrellas de los negocios o famosos? La prepotencia y la personalización pueden indicar que tienes tendencia a pensar que el mundo gira a tu alrededor. Si es tu caso, intenta ver la ironía de ser narcisista e inseguro a la vez, en lugar de verlo como una crítica a tu carácter. Incluso puedes intentar imaginar una versión paródica de ti, como si fueras un personaje de televisión. No todos los temas sobre los que rumiamos son adecuados para esta estrategia, pero detecta los que sí lo sean.

Distingue entre rumiar y resolver problemas

De vez en cuando, uno puede tener una idea útil mientras da vueltas a las cosas, pero casi siempre es una forma de evitar afrontar una situación. En general, cuanto más rumiamos, menos eficaces somos para resolver problemas. O bien no pensamos en soluciones o no las buscamos con rapidez ni eficacia. Por ejemplo, un estudio demostró que las mujeres con tendencia a la rumiación tardaban un mes más en buscar atención médica tras haberse encontrado un bulto en el pecho.[1] Para pasar de dar vueltas a las cosas a mejorarlas, pregúntate: «¿Cuál es la mejor opción en estos momentos, dada la realidad de la situación?». Empieza dando un primer paso, aunque no sea lo más perfecto ni lo más cabal que puedas hacer. Esta estrategia está indicada en especial para perfeccionistas. Si le estás dando vueltas a un error que cometiste, adopta una estrategia que minimice la probabilidad de que vuelva a suceder.

Entrena tu cerebro para que sea antiadherente

Apenas te des cuenta de que estás rumiando, intenta distraerte durante unos minutos. Lleva a cabo una actividad corta y absorbente, pero que no sea muy difícil, como, por ejemplo, pasarte diez minutos rellenando un informe de gastos. La actividad que elijas debería ser una actividad que requiera concentración. En algunas ocasiones, te permitirá volver a enfocar tu atención en lo que tenías que estar haciendo. Tal vez pienses: «¿Cómo puede algo tan sencillo ayudarme con mi complejo problema emocional?». Pero te sorprenderá lo eficaz que puede ser esta técnica.

La actividad física, como salir a correr o caminar, puede calmar una mente con tendencia a la rumiación. La meditación y el yoga pueden ser muy útiles para protegerte de pensamientos pagajosos y aprender a no dejarte atraer por ellos en exceso. Estas prácticas nos piden que notemos si nuestra mente se pierde en el pasado o en el futuro y la regresemos a lo que está ocurriendo en el presente —por lo general, a nuestra respiración o a otras sensaciones en nuestro cuerpo o a nuestro alrededor—. Esta es justo la habilidad que necesitamos para afrontar los momentos de rumiación.

Busca errores en tu pensamiento

En algunas ocasiones, la rumiación se inicia debido a errores cognitivos. Es un pez que se muerde la cola, porque es probable que no se te dé demasiado bien detectar pensamientos distorsionados cuando le estás dando vueltas a algo, ya que, en ese estado, el pensamiento se nubla. La solución es desarrollar una buena comprensión de tus errores de pensamiento más típicos, con la ayuda del tiempo y en momentos de calma, para poder ser capaz de reconocerlos también cuando tus emociones se intensifican. En mi caso, cuando leo un correo electrónico relacionado con el trabajo, a menudo pongo el foco en una o dos frases que me irritan o me disgustan, y luego interpreto por error el tono general del mensaje como si fuera de exigencia o desprecio. Pero, como soy consciente de este patrón, he aprendido a no obcecarme en mi primera impresión. Lo que hago es volver a leer el mensaje después de dejarlo reposar un día y, por lo general, veo que tenía una impresión sesgada del mismo.

Otros errores cognitivos habituales son, por ejemplo, marcarte unas expectativas demasiado altas sobre ti mismo, malinterpretar las expectativas que tienen los demás de ti, subestimar hasta qué punto otras personas inteligentes luchan con lo mismo que te preocupa o hacer montañas de un grano de arena. Si le estás dando vueltas al comportamiento de otra persona y le estás atribuyendo una causa, como mínimo contempla la idea de que tu explicación pueda estar equivocada e intenta aceptar que tal vez jamás conozcas la verdad. Admitir que muchas veces no entenderemos por qué los demás se comportan de una forma determinada es una habilidad importantísima para dejar de obsesionarnos con ello.

La rumiación es un problema muy extendido. Para librarnos de él, tenemos que ser más conscientes de cuándo lo estamos haciendo y preparar algunas estrategias de resistencia. Esto requiere tiempo y esfuerzo. Pero es importante —para tu salud mental y tu productividad— intentar cortarlo de raíz. Así pues, antes de caer en tu próxima espiral de «tendría, debería, podría», da una oportunidad a una o varias de estas ideas.

ALICE BOYES es una expsicóloga clínica convertida en escritora y autora de *The Healthy Mind Toolkit*, *The Anxiety Toolkit* y *Stress-free Productivity*.

Nota

1. Lyubomirsky, S. y otros. (2006). *Ruminative response styles and delay of seeking diagnosis for breast cancer symptoms*. Journal of Social and Clinical Psychology. 25, 3: 276-304.

Adaptado a partir de *How to Stop Obsessing Over Your Mistakes*, publicado en hbr.org el 25 de febrero de 2019 (producto #H04T7G).

6

Romper el bucle de la ansiedad

Una entrevista con Judson Brewer,
por Morra Aarons-Mele

Nunca es un mal momento para reflexionar sobre nuestros hábitos. ¿Por qué hacemos lo que hacemos? ¿Qué es saludable para nosotros y qué no? ¿Qué podemos hacer para mejorar nuestras vidas?

El Dr. Judson Brewer es psiquiatra especializado en adicciones, neurocientífico y profesor asociado de la Brown University School of Public Health. También es autor de los libros *Deshacer la ansiedad* y *La mente ansiosa*. Sus investigaciones se centran en cómo y por qué la ansiedad —y el exceso de preocupación en concreto— puede ser un hábito. En esta entrevista explica el proceso de tres pasos que da lugar a este hábito, y cómo podemos usar nuestra curiosidad para salir del bucle.

Morra Aarons-Mele: *Usted dice que la ansiedad se esconde entre nuestros hábitos. ¿De qué forma?*

Judson Brewer: Cualquier hábito se forma en un proceso de tres pasos. Primero se produce un desencadenante o señal, a continuación, una conducta y, por último, una recompensa. Cuando nuestro cerebro dice: «La ansiedad es desagradable», esa puede ser la señal. La conducta asociada puede ser algo físico, como, por ejemplo, comer, o mental, como preocuparse.

De hecho, la preocupación es uno de los bucles de hábito que existen alrededor de la ansiedad. Las investigaciones han demostrado que el hecho de preocuparse hace que la gente sienta que tiene el control, aunque no sea así, o que, por lo menos, está haciendo algo, aunque no tenga control sobre la situación. Así pues, hacer algo, aunque solo sea preocuparse, parece más productivo que solo esperar a que ocurra lo que tenga que ocurrir, y esto supone una recompensa para el cerebro. Esta recompensa nos retroalimenta y nos dice: «Oye, la próxima vez que tengas ansiedad, deberías preocuparte un poco más». Así es como la ansiedad se convierte en un hábito.

¿Por qué nuestro cerebro siente que la preocupación es productiva?

«Hacer algo» es la pieza clave. También existe la falacia de correlación que nuestro cerebro interpreta como causalidad. Esto quiere decir que podemos estar preocupándonos por algo y encontrar la solución, pero esto no significa que la preocupación sea la *causa* de haber encontrado la solución. Muchos estudios demuestran que, cuando nos preocupamos, en realidad estrechamos nuestro enfoque y no podemos pensar de forma creativa. No podemos adoptar una mentalidad de crecimiento, y eso entorpece nuestra capacidad para resolver problemas. En resumen, la parte del cerebro que se ocupa de la planificación se desactiva.

Tomemos un ejemplo relacionado con el lugar de trabajo. Recibes un correo electrónico de tu jefe y te preocupas por si está enfadado contigo. ¿Cómo podemos dejar de entrar en estos bucles?

Cuando vemos un mensaje de nuestro jefe, es posible que nuestra frecuencia cardíaca suba sin siquiera mirar el asunto, solo por el hecho de que lo manda nuestro jefe. Tenemos que empezar a identificar la señal desencadenante y la recompensa. Antes de abrir el mensaje, observa qué sueles hacer. ¿Empiezas a preocuparte por si te has metido en algún problema? ¿Crees que te pedirá que trabajes más? ¿Te pedirá que cubras el puesto de alguien?

El segundo paso es tan fácil como preguntarnos qué obtenemos de esta conducta: «¿Qué obtengo preocupándome?». A continuación, sumérgete en tu experiencia directa para comprobar si te proporciona alguna recompensa o no. ¿Cómo te sientes preocupándote? La mayoría de la gente no se siente bien. Así que, aunque creas que preocuparte te ayudará a sacar el trabajo adelante o a resolver un problema, si te fijas bien, te darás cuenta de que es probable que no sea así. Lo que *sí* sabemos es que la preocupación nos agota y nos hace sentir más ansiedad. Al retroalimentarse y fomentar la ansiedad, empezamos a desencantarnos con la propia preocupación.

Llegados a este punto, no estamos intentando cambiar el desencadenante de la ansiedad, ¿verdad? No estamos diciendo: «No leas el mensaje» o «No te sientas así cuando ves el nombre de tu jefe».

Cierto, porque la gente suele quedarse atrapada en el bucle de intentar controlar o evitar los desencadenantes. Por ejemplo, si no leemos el mensaje de nuestro jefe, es probable que eso conlleve otras consecuencias que nos generarán más ansiedad. Tenemos que lidiar con los desencadenantes.

Pero los desencadenantes no fomentan los hábitos. Lo que los *fomenta* es hasta qué punto nuestra conducta es gratificante —esto también se conoce como «aprendizaje por recompensa»—. Cuando algo es gratificante, lo repetimos. Si no obtenemos una recompensa, dejamos de hacerlo. Y esto no tiene nada que ver con el desencadenante.

Entonces, ¿qué deberíamos hacer?

Tener curiosidad. Cuando recibimos ese correo electrónico, en lugar de extraviarnos y esperar lo peor, preguntémonos: «¿Qué obtengo de esta conducta? ¿Cómo me siento cuando tengo ansiedad en comparación con cuando me preocupo?».

La curiosidad nos hace sentir mejor. Y, en ese momento, la curiosidad no solo nos hace sentir mejor, sino que además es más gratificante. Nos ayuda a salir de nuestro viejo hábito de preocuparnos. Podemos detenernos en preguntas del tipo: «¿Cómo siento la ansiedad en mi cuerpo en este momento, en comparación con preocuparme por el futuro?». Observa qué pensamientos afloran.

¿Sientes contracción o bloqueo? ¿Dónde lo sientes? ¿En el lado izquierdo? ¿En la parte delantera? ¿En la espalda? Esto despierta nuestra capacidad natural para ser curiosos, nos ayuda a estar presentes y a sentirnos centrados, y evita alimentar el bucle del hábito de la ansiedad. Luego tenemos que respirar hondo, calmarnos un poco y abrir ese mensaje. Veremos que, en lugar de pensar: «Mi jefe me ha mandado un mensaje, ¿qué habrá ocurrido?», pensaremos: «Me pregunto qué querrá comunicarme». En esencia, nos ayuda a estar en una mentalidad distinta en lugar de verlo todo como una catástrofe.

JUDSON BREWER es psiquiatra y neurocientífico, y autor de *Deshacer la ansiedad: la nueva ciencia que te ayudará a romper el ciclo de preocupación y el miedo a sanar tu mente.* MORRA AARONS-MELE es fundadora de la premiada agencia de impacto social Women Online y autora de *Hiding in the Bathroom* y *The Anxious Achiever*. Ha escrito para *The New York Times, The Wall Street Journal* y *O, the Oprah Magazine* entre otros medios.

Adaptado a partir de «Anxiety Is a Habit»,
del pódcast *The Anxious Achiever*, 6 de diciembre de 2021.

7

Usar la gratitud para contrarrestar el estrés y la incertidumbre

Christopher Littlefield

Vivir en un estado permanente de incertidumbre —una pandemia, la amenaza de una recesión, un despido— puede dar la sensación de estar corriendo en una carrera sin línea de meta o completando un rompecabezas sin una imagen de referencia. Todo parece confuso, y lo peor parece posible.

No es, desde luego, un estado mental en el que uno esté a gusto. Así pues, ¿qué podemos hacer para ayudar a minimizar los efectos de la incertidumbre sobre nuestro bienestar? Aunque tal vez no aborde la causa principal, las investigaciones demuestran que la gratitud puede ayudarnos a estar más equilibrados.[1]

¿Por qué es importante la gratitud?

«La gratitud es una emoción que nos arraiga, y es una muy buena forma de equilibrar la mentalidad negativa que genera la incertidumbre», dijo el Dr. Guy Winch, autor del libro *Primeros auxilios emocionales*. Cuando expresamos gratitud, nuestro cerebro libera dopamina y serotonina, dos hormonas que nos hacen sentir más desenfadados y felices.

Experimentamos gratitud cuando ponemos el foco en lo que tenemos en lugar de en lo que no tenemos, y cuando dedicamos tiempo a valorar y agradecer a quienes han contribuido a la abundancia en nuestras vidas. Tras casi una década de investigaciones por parte del Dr. Robert Emmons —el principal experto científico del mundo en gratitud— y otros, se ha demostrado que la gente que practica la gratitud de forma regular está más sana, más feliz y tiene mejores relaciones. Otras investigaciones apuntan a que la gratitud también es clave para ayudar a personas y equipos a perseverar en tareas difíciles.

Pensemos en nuestra mente como si fuera nuestro sistema digestivo: lo que introducimos en ella afecta a cómo nos sentimos. Cuando inundamos nuestra mente con un flujo constante de preocupación, envidia, resentimiento y autocrítica —combinado con el bombardeo de noticias y otros medios—, esto tiene un impacto negativo en nuestro bienestar mental. Practicar la gratitud es como hacer ejercicio y tener un plan nutricional saludable para nuestra mente.

En su artículo *Why Gratitude is Good*, Emmons escribe: «No podemos sentir envidia y gratitud al mismo tiempo. Son sentimientos incompatibles porque, si estás agradecido, no puedes estar resentido con alguien por tener cosas que tú no tienes». Emmons prosigue compartiendo el resultado de sus investigaciones, que demostraron que las personas con altos niveles de gratitud tienen bajos niveles de resentimiento y envidia (para saber más sobre estos sentimientos, véase el recuadro «La relación entre la envidia y la ansiedad»). Cuando nos tomamos un tiempo para centrarnos en las cosas por las que estamos agradecidos, elegimos las

LA RELACIÓN ENTRE LA ENVIDIA Y LA ANSIEDAD

Por Nihar Chhaya

La envidia y la ansiedad son un poco como el huevo y la gallina. Si estoy en un estado ansioso y me siento mal conmigo mismo, es probable que sea más sensible a las indicaciones y señales de otras personas, y esto puede hacer que me pregunte: «¿Estoy a la altura de los demás?».

Por otro lado, recuerdo algunos ataques de ansiedad en los que no envidiaba lo que tenían otros, sino que pensaba: «¿Voy a perder la libertad y autonomía que me ha costado tanto trabajo conseguir?». Ese logro consistía en haber fundado mi propia empresa. Por cualquier motivo, ya sea miedo a no tener suficientes clientes o a que me ocurra algo —como un problema de salud o una lesión—, de repente, imagino que a los demás les va de maravilla. Quienes trabajan en empresas son felices y quienes tienen sus propios negocios son felices. Yo soy el único que no va a destacar. En ese momento es cuando soy susceptible de sentir envidia.

Si uno empieza a envidiar a la gente, se vuelve susceptible de sufrir más ansiedad. La ansiedad aparece cuando hay cosas que deseamos, o cuando codiciamos lo que tienen otras personas, con cierto nivel de urgencia o escasez asociado a ello. Así pues, si hay una urgencia —en otras palabras: «Necesito ganar determinada cantidad de dinero durante los próximos seis meses para cubrir gastos»—, empezamos a sentir más ansiedad respecto a lo que vemos que hacen otros.

O pensemos en la escasez. En mi mundo del coaching hay un millón de coaches ahí afuera, y cada año hay más personas que se plantan y dicen: «Quiero abrir mi propia consulta». Ante esta situación, empiezas a pensar: «¿Cómo destaco? ¿Cómo me aseguro de que estoy marcando la diferencia de verdad en este

(*continúa*)

LA RELACIÓN ENTRE LA ENVIDIA Y LA ANSIEDAD

mercado saturado?». Ahí el elemento de la escasez puede causar estragos en nuestra mente, y la envidia y la ansiedad se retroalimentan en bucle.

Nihar Chhaya es coach de altos directivos en compañías multinacionales como American Airlines, Coca-Cola, DraftKings y Wieden+Kennedy. Tras haber sido responsable de desarrollo de talento en empresas de la lista *Fortune 500*, ahora es el presidente de PartnerExec, dedicada a que los ejecutivos aprendan a dominar su influencia para obtener mejores resultados empresariales y estratégicos.

Adaptado a partir de «Understanding Envy, Part 1: How Envy Impacts Anxiety and Leadership», del pódcast *The Anxious Achiever*, 14 de diciembre de 2020.

emociones positivas por delante de las negativas; por tanto, tomamos medidas para cuidar nuestra salud mental y nuestro bienestar.

¿Cómo podemos activar la gratitud en nosotros? Es sencillo. Tenemos que dedicar un tiempo a cambiar nuestro enfoque.

Cómo activar la gratitud

¿Alguna vez has notado que, cuando estás pensando en comprarte un teléfono móvil nuevo, una chaqueta o cualquier otro objeto, de repente todo el mundo lo tiene? Esto es porque, ya sea de forma consciente o inconsciente, vemos aquello en lo que estamos centrados. Si queremos despertar la gratitud en nosotros, tenemos que cambiar nuestro enfoque y centrarnos en las cosas por las que estamos agradecidos. La forma más sencilla de hacerlo es a través de preguntas, recordatorios y algunos rituales diarios.

Haz una pausa y reflexiona

Cuando te encuentres atrapado en un estado permanente de preocupación o centrado de más en lo que no funciona a tu alrededor, tómate un segundo y hazte una o dos de las siguientes preguntas:

- ¿Qué oportunidades tengo en este momento por las que estoy agradecido?
- ¿Qué he aprendido en fechas recientes que me ha ayudado a crecer?
- ¿Qué capacidades físicas tengo y doy por sentadas?
- ¿Qué he visto hoy o en el último mes que fuera hermoso?
- ¿A quién me hace feliz ver en el trabajo todos los días y por qué?

- ¿Con qué persona no hablo a menudo, pero, si la perdiera mañana, sería doloroso? —Tómate esto como una invitación a ponerte en contacto con ella hoy mismo—.
- ¿Qué se me da mejor hoy que hace un año?
- ¿Por qué objeto material que uso todos los días estoy agradecido?
- ¿Hay algo que alguien haya hecho por mí en estos días por lo que esté agradecido?
- ¿Por qué tres cosas estoy agradecido en estos momentos?

Al dedicar un tiempo a escribir nuestras respuestas, redirigimos de forma consciente nuestra atención hacia las cosas por las que estamos agradecidos. También es una muy buena forma de mirar atrás y darnos cuenta de lo que nos pareció insignificante, pero, en realidad, nos hizo felices.

Escribe un diario de gratitud

Llevar un diario de gratitud es una práctica habitual. Jae Ellard, la fundadora de la empresa de consultoría basada en la toma de conciencia Simple Intentions, recomienda empezar y terminar nuestro día con pensamientos de gratitud; sacar unos minutos al principio y al final del día para reflexionar. A lo mejor estás agradecido por la granada fresca que te has tomado con el yogur o por la salud de tu familia. Winch sugiere empezar la práctica de «Escribir un párrafo cada día sobre una cosa por la que estemos agradecidos de verdad, y por qué esa cosa es significativa para nosotros». Dice: «Esto introduce pensamientos y sentimientos positivos en un clima emocional demasiado inclinado hacia lo negativo». También podemos centrar nuestro ejercicio de gratitud en las cosas importantes en nuestra vida de las que estamos seguros —nuestras amistades, pasiones o familia—, recordándonos así que, a pesar de que existe la incertidumbre en algunos aspectos de nuestra vida, la certeza sigue prevaleciendo en muchos otros.

Incorpóralo como una rutina

Hace poco conocí a alguien que ha adoptado la práctica de compartir una foto al día en LinkedIn de algo por lo que está agradecido y cuenta a su audiencia la razón que hay detrás. Su ejercicio diario no solo le ayuda a poner el foco en lo positivo, sino que, además, inspira a otras personas a hacer lo mismo.

Otra forma de crear un ritual en torno a la gratitud es empezar o terminar las reuniones virtuales, o las sesiones de coestudio, con un minuto de agradecimiento. Elige una pregunta o dos de las propuestas más arriba e invita a algunos miembros del equipo o amigos a compartir sus respuestas.

Si queremos ser capaces de seguir corriendo en esta carrera sin una línea de meta clara, tenemos que aprender a cuidar mejor al corredor. Aunque no hay una solución única, aprender a despertar la gratitud puede ayudarnos a sobrellevarlo a lo largo del camino.

CHRISTOPHER LITTLEFIELD es conferenciante internacional y ponente de TEDx especializado en la valoración de los empleados, y fundador de Beyond Thank You. Ha formado a miles de líderes en los seis continentes para crear culturas en las que la gente se sienta valorada todos los días. Es autor de *75+ Team Building Activities for Remote Teams: Simple Ways to Build Trust, Strengthen Communication and Laugh Together from Afar.*

Nota

1. Allen, S. (mayo de 2018). *The science of gratitude.* Greater Good Science Center de la UC Berkeley. Recuperado de https://ggsc.berkeley.edu/images/uploads/GGSC-JTF_White_Paper-Gratitude-FINAL.pdf.

Adaptado a partir de contenido publicado en hbr.org el 20 de octubre de 2020.

8

Cómo gestionar un ataque de pánico en el trabajo

Una entrevista con Sridevi Kalidindi,
por Vasundhara Sawhney

Perdí a mi padre de forma repentina en mayo de 2022, una tranquila mañana de domingo. Lloré sin consuelo en el baño, sola. Siendo la mayor de dos hermanas, asumí la responsabilidad de poner cara de valiente y estar ahí para mi madre y mi hermana. En algún momento a lo largo del día, mientras llevábamos a cabo los rituales, olvidé cómo sentir dolor. Quienes me vieron dijeron que parecía un robot. Tras una semana de quedarme en casa con mi madre y ayudarla a recomponerse, agarré mi portátil y me fui andando al trabajo. Me paseaba por la oficina diciéndole a todo el mundo: «Todo sigue como siempre», «Soy hija de mi padre y él hubiera querido que volviera al trabajo» o «La muerte no es el final».

Durante la semana siguiente, el trabajo se convirtió en mi terapia. Me pasaba horas y horas en mi escritorio, sumergida en el trabajo, ya que era lo único que me mantenía cuerda en aquel momento. Apenas dormía. Cuando cerraba los ojos, veía a mi padre. Y no quería. Me cargaba de cafeína por las mañanas, y durante la jornada laboral, para parecer hiperdespierta. Nadie hubiera dicho que estaba de luto.

Una semana después de la muerte de mi padre, tuve que viajar al extranjero por trabajo. Todo el mundo, incluida mi jefa, pensaba que no estaba preparada para estar sola. «Por supuesto que sí, estoy mejor que bien», les dije. Mi duelo era menos intenso de lo que había imaginado, y no quería que nadie me infravalorara ni pusiera en duda la seguridad que tenía en mí misma. Subí al avión.

Estaba sola por primera vez desde que había fallecido mi padre. Dormía con las luces encendidas. Encontraba paz en las cafeterías abarrotadas porque la cháchara ahogaba mis pensamientos. Pensaba en mi madre todo el tiempo. ¿Y si me necesitaba?

¿Mi hermana estaba bien? ¿Era correcto estar tan lejos de ellas en ese momento?

Cuando llevaba tres días de viaje, justo al terminar mi carrera vespertina en Harvard Square, mi cuerpo entró en pánico. No había dolor. Solo sudores fríos, falta de aliento y una sensación inexplicable. Hubiera dicho que era un infarto. Me bebí toda el agua que llevaba encima, reservé un Uber y volví al hotel. ¿Me estaba muriendo? Estaba en un país que no era un hogar para mí. Mis amigos y mi familia estaban a veinte horas de vuelo. ¿Qué debía hacer?

Tras veinte minutos de respiraciones profundas, jadeos, resoplidos y paseos arriba y abajo por el vestíbulo, decidí llamar a mi jefa. «Me da mucha vergüenza decirte esto, pero me pasa algo. No puedo respirar», dije en voz baja y temblorosa. «Háblame. ¿Qué sientes?», me preguntó. Fue la vez que más vulnerable me había mostrado ante alguien del trabajo. Pero también fue la vez que me sentí más tranquila.

Al cabo de unas horas, embarqué en el avión de regreso. Saber que estaba de camino a casa devolvió algo de normalidad a mi respiración, que seguía siendo superficial.

Los ataques de pánico, como el que yo sufrí, vienen sin previo aviso. Pueden ser muy traumáticos si no hay nadie contigo o estás en el trabajo. Pero puede sufrirlos cualquier persona y en cualquier momento.

Me puse en contacto con la Dra. Sridevi Kalidindi, experta clínica de ámbito nacional, durante muchos años psiquiatra consultora galardonada y coach de ejecutivos afincada en el Reino Unido, para comprender qué debemos saber sobre los ataques de pánico, y qué podemos hacer cuando sufrimos uno.

Vasundhara Sawhney: *¿Qué provoca los ataques de pánico?*

Sridevi Kalidindi: Los ataques de pánico son provocados por una estimulación de nuestro sistema nervioso simpático. Procesamos los estímulos de miedo y amenaza en nuestra amígdala. Cuando aparecen sensaciones de miedo y amenaza, nuestro cerebro entra en acción, haciéndonos creer que estamos en peligro de muerte. Una cascada de sustancias químicas, como la adrenalina y el cortisol, se libera en el torrente sanguíneo. Esto nos pone en modo «lucha, huida, parálisis o apaciguamiento». Es posible que respiremos más deprisa para absorber más oxígeno, que el corazón lata más rápido y que estemos muy atentos a nuestro entorno.

¿Qué sensaciones provoca y cuáles son los síntomas?

Un ataque de pánico puede vivirse como una sensación de fatalidad inminente, como si estuviéramos a punto de morir. Entre los síntomas físicos y cognitivos encontramos la aparición rápida y simultánea de una serie de síntomas característicos, que pueden incluir, entre otros, palpitaciones o aumento del ritmo cardíaco, sudoración, temblores, sensación de falta de aire, sensación de asfixia, dolor torácico, náuseas o malestar abdominal, sensación de mareo o aturdimiento, escalofríos o sofocos, hormigueo o falta de sensibilidad en las extremidades —es decir, parestesias—, despersonalización o desrealización, miedo a perder el control y miedo a una muerte inminente.[1]

Los ataques de pánico pueden surgir de la nada, y algunos pueden desencadenarse a partir de situaciones concretas. A esto le sigue la preocupación persistente por si el ataque de pánico se repite, lo que lleva a evitar la situación y a otras conductas de búsqueda de seguridad, que son acciones innecesarias a las que se recurre para impedir una catástrofe temida.

¿Son habituales después de acontecimientos importantes en nuestras vidas, en especial si todavía tenemos que procesarlos?

Cuando, en vez de procesar emociones como el duelo, las reprimimos, esto puede llevar a que internalicemos las emociones y se manifiesten de otras formas. Al seguir con la normalidad del trabajo y la vida, y no tomarte el tiempo necesario para permitir que tu mente, tu cuerpo y tu espíritu procesaran la enorme y repentina pérdida que experimentaste con la muerte de tu padre, evitaste y reprimiste tus sentimientos.

En tu caso, viajar por trabajo también fue parte de esa evitación. Hay una razón por la que, en muchas culturas, se establece un periodo de luto tras la muerte de un ser querido. Es para que puedas permitirte dedicar un tiempo a procesar la pérdida junto a otros seres queridos y adaptarte a ella. El luto también da lugar a estados de ánimo bajos y ansiedad como parte de las etapas del duelo.

¿Qué podemos hacer en el momento si, por ejemplo, estamos en el trabajo?

Es posible empezar a sentir que llega un ataque de pánico. El tipo de síntomas puede ser distinto para cada persona, pero entre ellos suele haber una combinación de los síntomas que he descrito antes. No obstante, también es importante asegurarse de que esos síntomas no se deben a otra afección médica —como un tumor generador de adrenalina— o a los efectos directos de alguna sustancia o medicamento que actúa sobre el sistema nervioso central —como el café o la cocaína—, o a los efectos de su abstinencia —como ocurre con el alcohol o las benzodiacepinas—. Una depresión subyacente también puede provocar síntomas de ansiedad y ataques de pánico.

Si tienes alguno de estos síntomas, en primer lugar, respira hondo. Debes saber que los síntomas pueden ser desagradables, pero pasarán. Luego tienes que decirte a ti mismo que lo que sientes es, con toda probabilidad, una sensación corporal normal, como una punzada muscular, y no una enfermedad grave, para no provocar una mayor estimulación del sistema de lucha o huida. Eso podría provocar una mayor liberación de sustancias químicas, aumentando así los síntomas físicos.

A continuación, prueba con técnicas de autoalivio que activen el sistema nervioso parasimpático

—la red de nervios del cuerpo que nos ayudan a relajarnos, sobre todo después de episodios estresantes—. Estas son dos formas de hacerlo:

- Practica la «respiración cuadrada». Esto implica imaginar tu respiración como un cuadrado: inhalar durante cuatro segundos, aguantar la respiración durante cuatro segundos, exhalar durante cuatro segundos y volver a aguantar la respiración durante cuatro segundos. Puedes seguir haciéndolo hasta que te sientas más tranquilo. Al ralentizar de forma intencionada tu respiración y controlarla, la frecuencia cardíaca disminuirá, la sensación de hormigueo que se produce al respirar en exceso se calmará y, poco a poco, el ataque de pánico remitirá.

- Debes estar presente en el momento. En momentos así, el mindfulness también puede resultar útil. Cuando sientas pánico, presta atención a tu experiencia presente. ¿Qué te está pasando? ¿Qué sensaciones tienes en el cuerpo?

¿Qué sientes? Observa tus pensamientos: imagina que estás sentado en la orilla de un río y ves pasar tus pensamientos. Comprende que no tienes que aferrarte a ninguno de ellos. Déjalos pasar. Céntrate solo en la experiencia del momento presente, usando todos tus sentidos en vez de tus pensamientos.

¿Qué no deberíamos hacer bajo ningún concepto?

En primer lugar, intenta no abandonar la situación en la que te encuentras cuando estás experimentando el ataque de pánico. Esto se debe a que, cuando permaneces en la situación, la ansiedad se estabiliza y disminuye de forma natural. Al principio, esto puede llevarte mucho tiempo, pero debería acelerarse con la experiencia, hasta que, con suerte, pueda remitir por completo.

Lo segundo es intentar no recurrir a otras conductas de búsqueda de seguridad —acciones innecesarias a las que recurrimos por instinto para impedir una catástrofe temida— para tratar de asignar un significado a las circunstancias concretas presentes en ese momento. Por ejemplo, puedes abandonar una habitación que crees que te ha provocado el ataque de pánico porque te trae ciertos recuerdos.

El problema es que, si abandonamos el estímulo estresante antes de que la ansiedad se estabilice, cosa que hará de forma natural, creeremos que evitamos el ataque de pánico gracias a la conducta de seguridad. Es posible que empecemos a evitar esa situación concreta y repitamos la conducta de seguridad —abandonar la habitación cada vez que tengamos sensaciones corporales y las malinterpretemos—. Esto puede conducir a la limitación de algunos aspectos de nuestra vida. Para algunas personas puede llegar a ser muy incapacitante en términos de funcionamiento cotidiano, llegando incluso a la reclusión en el hogar en los casos graves.

¿Y si otra persona está sufriendo un ataque de pánico? ¿Cómo podemos ayudar? ¿Hay cosas que deberíamos hacer o frases que no deberíamos decir?

Lo primero es hablar con esa persona para intentar comprender lo que está sucediendo si es posible. Si ni la persona ni tú estáis seguros de lo que ocurre y hay muchos síntomas físicos, asegúrate de que no hay ningún problema subyacente de salud física que esté relacionado con los síntomas. Por ejemplo, en un ataque al corazón, el dolor suele describirse como central, provocando un dolor en el pecho —«Como si tuviéramos un elefante sentado sobre el pecho»— que se irradia hacia el brazo izquierdo y la mandíbula, y quizá también hacia la espalda.

Si es alguien de quien se sabe que sufre ataques de pánico y es consciente de que eso es lo que le está ocurriendo, primero ayúdale a controlar su respiración. Acompáñale en la respiración cuadrada, aunque basta con que le ayudes a inhalar y exhalar, pidiéndole que se centre solo en la respiración.

A continuación, ayúdale a estar más presente diciendo cosas del tipo: «¿Podrías contar hacia atrás de tres en tres?» o «¿Me podrías describir lo que ves en esta habitación?».

Por último, sé amable, útil y no juzgues. Esto contribuirá en gran medida a que la persona aprenda a controlar los ataques de pánico por sí misma, y a que sepa que no pasa nada.

Yo también siento que el miedo a sufrir otro ataque de pánico me impide hacer ciertas cosas, como viajar sola. ¿Hay alguna forma de combatir esto?

El mejor tratamiento para el miedo a sufrir otro ataque de pánico es la terapia cognitivo-conductual y el trabajo de exposición. También puede ser necesaria la medicación. Si practicas la meditación basada en la respiración y el mindfulness, reforzarás tu capacidad para usar estas técnicas en caso de que empiece otro ataque de pánico.

El trabajo de exposición implica enfrentarse de forma deliberada a la situación temida, en la realidad y/o en nuestra imaginación. Podemos dirigir este trabajo nosotros mismos o nos puede acompañar, por ejemplo, un terapeuta. Se pueden utilizar distintos métodos, como la exposición gradual a la situación temida o bien someterse de golpe y una sola vez a una exposición completa a la situación o estímulo.

En casos de trastorno de pánico moderados o severos, medicamentos como los ISRS también pueden ayudar al tratamiento del problema. Debe realizarse trabajo terapéutico junto con la medicación para que sea eficaz y sostenible.

SRIDEVI KALIDINDI es experta clínica de ámbito nacional, psiquiatra consultora galardonada y coach de ejecutivos afincada en el Reino Unido. VASUNDHARA SAWHNEY es editora jefe de *Harvard Business Review*.

Nota

1. Mayo Clinic. (consultado el 4 de mayo de 2018). *Panic attacks and panic disorder*. Recuperado de https://www.mayoclinic.org/diseases-conditions/panic-attacks/symptoms-causes/syc-20376021.

Adaptado a partir de contenido publicado en hbr.org
el 23 de enero de 2023.

9

¿Ansioso por lo que está por venir? Así puedes afrontarlo

Rasmus Hougaard y Jacqueline Carter

Las transiciones —una graduación, los primeros días en un trabajo nuevo, la planificación estratégica del próximo año fiscal— suelen conllevar una mezcla de anticipación y excitación. Uno no sabe con exactitud lo que le espera, pero, aun así, está impaciente por que llegue el momento.

Estos periodos iniciales —en la frontera de un nuevo estado o experiencia— son espacios complejos de ocupar. Pueden hacernos sentir desorientados y sin anclajes. Pero, al mismo tiempo, tienen un gran potencial. El regalo que supone una transición es una oportunidad para la autorreflexión, el crecimiento y el cambio. Si afrontamos las transiciones laborales y vitales con la mentalidad adecuada, pueden conllevar una enorme gratificación.

Entonces, ¿cómo podemos tener más claridad mental cuando maniobramos en territorio desconocido?

No pienses, limítate a estar

La mente humana cree, de forma equivocada, que puede superar un periodo de incertidumbre pensando. Estamos convencidos de que, si comprendemos la fuente de la incertidumbre, de algún modo podremos resolverla. Pero no funciona así. Al contrario: cuando analizamos las cosas en exceso, empeoramos la situación, como cuando echamos agua al aceite en llamas con la esperanza de extinguir el fuego.

En los periodos iniciales de una transición, nuestro cerebro se pone por defecto en modo supervivencia. Los elevados niveles de incertidumbre y angustia activan la amígdala, que, a su vez, reacciona de dos maneras: luchando o huyendo. O bien tratamos de escapar de los sentimientos de ansiedad y miedo, o bien intentamos luchar contra los pensamientos mediante la recopilación de información y la resolución de problemas.

Muchas personas que operan en modo de supervivencia adoptan una mentalidad de «vamos a pensar cómo superar esta crisis». Pero esta mentalidad hiperanalítica puede ser contraproducente y conducir al pensamiento obsesivo y a la preocupación.[1] Intentar superar la crisis pensando dirige una y otra vez nuestra atención hacia pensamientos y sentimientos que alimentan la ansiedad inicial. Quedamos atrapados en una espiral negativa que nos descentrará respecto a la nueva etapa que tenemos por delante.

Para romper este ciclo, hay que empezar por abandonar el pensamiento excesivo y, en su lugar, sentirse cómodo con el simple hecho de *estar*, y experimentar las emociones tal y como surgen. No encontraremos todas las respuestas a nuestras preguntas sobre lo que está por venir, pero sí mayor autodescubrimiento y la capacidad de dirigir nuestra mente hacia un estado más calmado, centrado y resiliente.

Mira hacia fuera, no hacia dentro

El secuestro por parte de la amígdala que experimentamos durante una transición nos lanza otra bola con efecto: nos hace egocéntricos.

Las investigaciones demuestran que los estados de ansiedad pueden hacer que las personas muestren un pensamiento y un comportamiento más egocéntricos.[2] Cuando una persona siente la creciente presión de la incertidumbre, la ansiedad resultante sesga su visión del mundo, de modo que solo se ve a sí misma y su propia angustia. De igual modo, las investigaciones demuestran otro hecho perjudicial: la ansiedad degrada nuestra capacidad de adoptar otras perspectivas. En otras palabras, no somos capaces de ver las cosas desde el punto de vista de otros.

Por desgracia, para sobrevivir a una crisis de transición, nuestra mente rechaza o ignora las cosas que más nos permitirían sentirnos arraigados y conectados. En lugar de buscar comunidad y conexión, nos replegamos sobre nosotros mismos y nos centramos en nuestra propia situación frente a la de los demás. Romper este patrón puede ser tan sencillo como tener un gesto compasivo o llamar por teléfono a alguien que lo esté pasando mal. Un estudio de 2016 descubrió que, cuando obsequiamos a otros con un regalo, somos más felices y resilientes que si nos hubiéramos hecho el regalo a nosotros mismos. En este sentido, preocuparse por los demás es una forma inteligente de velar por el interés propio, en especial durante una crisis.[3]

Resulta irónico que, lo que tiene más probabilidades de hacernos superar estos momentos difíciles, sea justo lo contrario de lo que nuestra psicología por defecto nos empuja a hacer. Lo que necesitamos es comprendernos mejor a nosotros mismos en lugar de pensar en exceso sobre la situación. Y debemos tener en cuenta las necesidades de los demás por delante de las nuestras. Los seres humanos son eso: *seres*. No son humanos porque hacen, sino porque son. Y nuestra humanidad común significa que compartimos esta lucha.

La buena noticia es que podemos entrenarnos para reconfigurar nuestra psicología por defecto, y traspasar así el umbral con más autoconciencia, concentración y resiliencia.

Reconfigura la mente a través del autodescubrimiento

Podemos reprogramar, en cierto sentido, nuestras reacciones por defecto. De hecho, nuestras propias investigaciones han demostrado que podemos hacerlo en solo diez minutos.[4] La mejor forma de empezar es comprendiendo cómo funciona nuestra propia mente. Por ejemplo, ¿sabes las respuestas a estas preguntas?

- ¿En qué momentos del día tienes niveles más altos de concentración, energía y productividad?
- ¿Cuándo se pierde tu mente en la preocupación y el estrés? ¿Qué lo desencadena?
- ¿Cómo afecta el sueño a tu estado de ánimo y a tu respuesta ante momentos difíciles?

- ¿Te sientes reconfortado y más resiliente pasando tiempo a solas o con otras personas?
- ¿Sabes si estás tomando las decisiones adecuadas en función de tu tipo de personalidad?

Si somos más conscientes, podemos tomar medidas. Por ejemplo, conocer nuestro patrón único de nivel de concentración a lo largo del día puede ayudarnos a planificarlo en consecuencia. Podemos programar, de forma proactiva, actividades y reuniones importantes cuando nuestro nivel de concentración sea mayor, y dejar las tareas más pasivas para las horas en las que sea menor. Del mismo modo, cuando descubras qué es lo que aumenta o disminuye tus niveles de resiliencia, podrás adoptar prácticas que la refuercen, como dormir bien y relacionarte con las personas a tu alrededor.

La tecnología puede ser muy útil en la búsqueda de un mejor autoconocimiento. En Potential Project hemos desarrollado una aplicación, llamada *Mindgrow*, que puede ayudarte a registrar los altibajos de tu nivel de concentración y resiliencia durante una semana de trabajo normal. El informe personalizado *Mind Discovery Report* incluye consejos específicos para romper nuestros patrones automáticos y reconfigurar nuestra mente de por vida pensando en estos periodos de incertidumbre y cambio. Estos pueden servir para empezar:

Crear un ritual para definir la intención y centrar la atención. Todos estamos tan ajetreados que, de forma natural, buscamos la oportunidad de completar nuestras tareas en piloto automático. El cerebro opta por este modo porque le ayuda a reservar recursos cognitivos conscientes. Pero, sin supervisión, el piloto automático puede convertirse en el modo dominante, y esto no es bueno. Un ritual al principio o al final de una sesión de trabajo o una tarea puede ayudarnos a definir la intención o a reorientar nuestra atención hacia una tarea central.

Estar presente por completo para las personas a nuestro alrededor. Tanto si estás en una llamada de Zoom como en una conversación, mantente atento al tema y a tu interlocutor. Pregúntate: ¿Qué siente la otra persona? ¿Qué necesita? Y tú, ¿qué sientes? Si te cuesta mantener la concentración, haz una pregunta para que tu atención se centre de nuevo.

Prestar más atención a nuestras experiencias sensitivas diarias. De vez en cuando, tómate unos minutos para notar los sonidos a tu alrededor, el sabor de la comida o el viento en la cara cuando estás al aire libre. Detenernos de vez en cuando para notar lo que nos dicen nuestros cinco sentidos puede ofrecernos tanto un refugio para nuestra mente ajetreada como una forma de mejorar nuestra conciencia.

No hay respuestas claras respecto a cómo será nuestra vida laboral. Lo único que podemos hacer es suponer, esperar, preocuparnos y dudar. Pero, vencer la ansiedad y enfrentarse al incierto mundo que nos espera, implica poner intención en lo que pensamos y en cómo reaccionamos. Si nos detenemos y observamos, podemos encontrar múltiples caminos de autodescubrimiento en nuestra propia mente.

RASMUS HOUGAARD es fundador y CEO de Potential Project, una compañía internacional de liderazgo, desarrollo organizativo e investigación que presta sus servicios a Microsoft, Accenture, Cisco y cientos de empresas más. JACQUELINE CARTER es socia y directora de Potential Project en América del Norte. Ambos son coautores de *Compassionate Leadership: How to Do Hard Things in a Human Way* (publicado en Harvard Business Review Press, en 2022) y *La mente del líder: Cómo liderarte a ti mismo, a tu gente y a tu organización para obtener resultados extraordinarios* (publicado en REM en 2019).

Notas

1. Michl, L. C. y otros. (2013). *Rumination as a mechanism linking stressful life events to symptoms of depression and anxiety: Longitudinal evidence in early adolescents and adults*. Journal of Abnormal Psychology. 122, 2: 339–352.
2. Todd, A. R. y otros. (2015). *Anxious and egocentric: How specific emotions influence perspective taking*. Journal of Experimental Psychology. 144, 2: 374–391.

3. Nelson, S. K. y otros. (2016). *Do unto others or treat yourself? The effects of prosocial and self-focused behavior on psychological flourishing*. Emotion. 16, 6: 850–861.
4. Hougaard, R. (Consultado el 9 de junio de 2020). *The power of 10 minutes: How mindfulness can address the looming mental health crisis in businesses. Forbes*. Recuperado de https://www.forbes.com/sites/rasmushougaard/2020/06/09/the-power-of-10-minutes-how-mindfulness-can-address-the-looming-mental-health-crisis-in-businesses/.

Adaptado a partir de contenido publicado en hbr.org
el 5 de agosto de 2020 (producto #H05RKW).

10

¿Qué significa la autocompasión en realidad?

Stephanie Harrison

Un viernes por la mañana, al principio de mi carrera, apareció un correo electrónico en mi bandeja de entrada. Era de un cliente que preguntaba por un informe semanal. Con una incipiente sensación de horror, me di cuenta de que me había olvidado por completo de hacerlo y enviarlo.

Preparé el informe a toda prisa y lo mandé, expresando lo mucho que lamentaba mi error. Mi cliente no pudo ser más amable. Pero, a pesar de su amabilidad, mi voz interna no dejaba de reñirme: «¿Cómo has podido cometer este error? ¿Qué es lo que te pasa? Sabía que no estabas hecha para este trabajo».

Recuerda la última vez que cometiste un error o tuviste un contratiempo en el trabajo. ¿Cómo reaccionaste? Si, como yo, fuiste autocrítico en extremo y te sentiste muy avergonzado y estresado, o te consideraste un profesional —o una persona— menos válido, quiero que sepas que no estás solo.

¿Por qué somos tan duros con nosotros mismos?

A muchos de nosotros nos han educado para aceptar la idea de que, para tener éxito, tenemos que ser perfectos. Este perfeccionismo a menudo se fundamenta en creencias del tipo: «Nunca debería tener problemas para hacer mi trabajo», «Las cosas siempre tienen que salirme bien» o «Tengo que ser el mejor en todo». Que quede claro: estos estándares son imposibles de cumplir y, a menudo, perjudiciales para nuestro éxito y bienestar.

Las investigaciones demuestran que el perfeccionismo ha aumentado de forma significativa en las últimas dos décadas y sus efectos empiezan a ser peligrosos.[1]

Los jóvenes tienen unas expectativas poco realistas de sí mismos y de los que están a su alrededor. Este perfeccionismo está provocado, en parte, por las sociedades en las que vivimos y los medios que consumimos de forma regular, muchos de los cuales hacen hincapié en la comparación social. Interiorizar este idealismo afecta de forma negativa a todo el mundo, pero en especial a las generaciones más jóvenes, que, con toda probabilidad, están más deprimidas, más quemadas y son menos productivas que las generaciones anteriores.[2] Las mismas investigaciones también resaltan que el perfeccionismo es una de las causas principales del aumento de la ansiedad y la depresión entre los jóvenes en Estados Unidos, el Reino Unido y Canadá.

La verdad es que los errores, los contratiempos y las dificultades son una parte inevitable de nuestras vidas laborales. Y lo que es más importante, son necesarios. Es imposible crecer, contribuir o marcar la diferencia sin trastabillar un poco. En lugar de recibir nuestros errores con autocrítica, hay una mejor opción: la autocompasión.

¿Qué es la autocompasión y cómo funciona?

La autocompasión es una forma de relacionarnos con nosotros mismos que proviene de la psicología budista. Este concepto fue introducido en la investigación académica por la profesora Kristin Neff, que divide la autocompasión en tres componentes clave:[3]

- *Autoamabilidad*: tratarnos con cariño y comprensión.
- *Conciencia plena*: percibir con precisión nuestros pensamientos, sentimientos y experiencias, sin identificarnos en exceso con ellos.
- *Un sentido de humanidad común*: reconocer que las dificultades forman parte de la experiencia humana.

La autocompasión tiene muchos beneficios. Reduce los sentimientos de ansiedad y depresión y mejora nuestra salud mental. Nos hace más resistentes y flexibles. Nos ayuda a er más eficientes y creativos. Evitar ser duro con uno mismo por cada pequeño paso en falso ayuda a superar el miedo al fracaso, a admitir los errores, a verlos como una oportunidad de aprendizaje y a encontrar soluciones nuevas y creativas para seguir adelante. De hecho, un estudio reciente también descubrió que, los días en que eran más autocompasivos, los empleados avanzaban más en sus objetivos y tenían un mayor sentido del propósito en el trabajo.[4]

Dicho esto, aprender a ser amable con uno mismo requiere tiempo, esfuerzo y práctica. Presento a continuación una estrategia de cuatro pasos que he desarrollado para ayudarme a ser más tolerante y compasiva conmigo misma:

1 Identifica cuando estás siendo crítico

A menudo podemos sentir nuestros pensamientos internos como un ruido de fondo persistente, difícil de silenciar. Una forma de bajar su volumen es escuchar este ruido con paciencia y atención.

La próxima vez que cometas un error, empieza a observar las críticas que te haces. Por ejemplo:

- Después de darte cuenta de un error tipográfico en un correo electrónico, tal vez te digas: «Ha sido muy irresponsable por mi parte».
- Después de entregar un trabajo, tal vez te digas: «Ese trabajo no era todo lo bueno que debería».
- Después de hablar en una reunión, tal vez te digas: «Ese comentario que he hecho era muy innecesario».

Poner tu atención en estos pensamientos en el momento en que aparecen te ayudará a identificarlos como lo que son: nada más que un pensamiento crítico o negativo. Cuando notes que entras en bucle, detente y recuérdate con amabilidad: «Este pensamiento es muy crítico».

Aunque esta medida puede parecer menor, es un primer paso importante. Solo podemos empezar a cambiar las cosas que nos molestan cuando las reconocemos. Así que piensa en este paso como una intervención crítica para aprender a tratarte con más compasión.

2 Reconoce tus experiencias

Cuando surgen pensamientos críticos, suelen tener su origen en sentimientos subyacentes más importantes. Profundizar en lo que nos hace sentir mal con nosotros mismos puede resultar incómodo, así que tómate tu tiempo.

En el trabajo nos enfrentamos a distintas dificultades. Están las grandes: perder un cliente, no conseguir el ascenso que esperábamos o ser despedidos. Luego están las más pequeñas: un conflicto con un compañero, el incumplimiento de un plazo u olvidarse de hacer algo. En cada uno de estos momentos, es del todo normal sentir emociones como frustración, pena, ira o tristeza. Aunque podemos tener la tentación de reprimir nuestras emociones, la mejor estrategia es trabajar con ellas con conciencia plena.

Esta práctica se conoce como «etiquetado emocional» y consiste en identificar las emociones sin juicios ni reproches. En lugar de limitarte a reconocer que no estás siendo amable contigo, como hiciste en el paso anterior, aquí tienes que dar un paso más para identificar las emociones que sientes. El objetivo es validar tu experiencia y afirmar tus sentimientos en lugar de huir de ellos.

Presta atención a tus sentimientos si, por ejemplo, no has podido cumplir un plazo de entrega. ¿Estás enfadado? ¿Triste? ¿Disgustado? ¿Frustrado? A medida que vas pensando en ello, di en voz alta: «Me siento enfadado» o «Me siento decepcionado».

Afirmar lo que sentimos en voz alta calma la amígdala y otras áreas límbicas del cerebro responsables del procesado emocional. Cuando empezamos a prestar atención a nuestras emociones, esto nos ayuda a visualizar nuestros sentimientos mientras liberamos espacio para la amabilidad.

3 Pide tu propia compasión

A continuación, pregúntate: «¿Qué me diría mi amigo más comprensivo en estos momentos?».

Lo más probable es que tu amigo ratifique que eres fuerte, inteligente y capaz; que te recuperarás de esta dificultad, y que eres una persona querida con independencia de lo que ocurra en el trabajo.

Visualiza esta situación e intenta decirte estas palabras con el mismo cariño y la misma comprensión. Si te resulta ridículo o incómodo creértelo, gana confianza con el hecho de que si tu amigo pasara por lo que tú acabas de vivir, utilizarías palabras similares para él.

Otra forma de pedirnos amabilidad a nosotros mismos es crear un mantra sencillo que nos arraigue a la realidad y nos libere de la expectativa de ser perfectos. Estos son algunos ejemplos:

- «Hoy he cometido un error. Pero no estoy solo. Todo el mundo tropieza y mete la pata».
- «Cometer un error me hace humano. Tengo permiso para errar».
- «Estoy soltando la expectativa cruel de que soy la única persona en el mundo que no puede cometer errores».

Haz respiraciones profundas mientras te dices estas palabras, pon la mano sobre tu corazón o cierra los ojos. Permítete sentir de verdad este acto amable, igual que harías si proviniera de un ser querido.

4 Explora cuál el mejor siguiente paso

Esta estrategia en cuatro pasos no solo es buena para nuestro bienestar. También puede ayudarnos a ser creativos y a encontrar soluciones nuevas al problema al que nos enfrentamos. Esto sucede porque la compasión activa el sistema nervioso parasimpático, lo cual reduce el nivel de estrés y facilita una respuesta más adaptativa a las dificultades. No importa la dificultad a la que nos enfrentemos, *existe* una forma de avanzar, y será mucho más probable que la encontremos si primero somos amables con nosotros mismos.

Una vez que te hayas compadecido de ti mismo, haz una pausa y pregúntate: «¿Qué paso puedo dar para mejorar esta situación?».

Si, por ejemplo, te olvidas de terminar una tarea semanal importante, piensa en formas de evitar este error en el futuro. Podrías ponerte un aviso o reservar una hora cada semana para trabajar en esa tarea. Puedes incluso mandar un recordatorio a todos los miembros de tu equipo si es una responsabilidad compartida, para asegurarte de que la tarea está en la agenda de todos. En lugar de culparte por tus errores, usa el incidente como una lección para encontrar soluciones sistémicas y duraderas, algo de lo que todo el mundo se pueda beneficiar.

Si estás acostumbrado a criticarte, es posible que la autocompasión te resulte algo extraña al principio. Piensa en ella como si fuera un músculo: cuanto más la ejercites, más fuerte será. Siempre que te cueste concederte un poco de gracia, recuerda esto: te mereces tu propia amabilidad.

STEPHANIE HARRISON es experta en bienestar y fundadora de The New Happy, una plataforma que ayuda a millones de personas a experimentar más felicidad. Es diseñadora, conferenciante y escritora. Su libro *New Happy* será publicado en 2024.

Notas

1. Curran, T. y Hill, A. P. (2019). *Perfectionism is increasing over time: A meta-analysis of birth cohort differences from 1989 to 2016*. Psychology Bulletin. 145, 4: 410–429.
2. Enns, M. W. y Cox, B. J. (2005). *Perfectionism, stressful life events, and the 1-year outcome of depression*. Cognitive Therapy and Research. 29: 541–553; Hill, A. P. y Curran, T. (2016). *Multidimensional perfectionism and burnout: A meta-analysis*. Personality and Social Psychology Review. 20, 3: 269–288.

3. Neff, K. (2003). *Self-compassion: An alternative conceptualization of a healthy attitude toward oneself.* Self and Identity. 2, 2: 85–101.
4. Neff, K. D. (2009). *The role of self-compassion in development: A healthier way to relate to oneself.* Human Development. 52, 4: 211–214; Leary, M. R. y otros. (2007). *Self-compassion and reactions to unpleasant self-relevant events: The implications of treating oneself kindly.* Journal of Personality and Social Psychology. 92, 5: 887–904; Neff, K. D., Hsieh, Y. P. y Dejitterat, K. (2005). *Self-compassion, achievement goals, and coping with academic failure.* Self and Identity. 4, 3: 263–287; Breines, J. G. y Chen, S. (2012). *Self-compassion increases self-improvement motivation.* Personality and Social Psychology Bulletin. 38, 9: 1133–1143; Jennings, R. E., Lanaj, K. y Kim, Y. J. (2022). *Self-compassion at work: A self-regulation perspective on its beneficial effects for work performance and well-being.* Personnel Psychology. 76, 1: 279-309.

Adaptado a partir de contenido publicado en hbr.org
el 12 de diciembre de 2022.

Índice

Notas

Notas

LAS LEYES DIARIAS de ROBERT GREENE

Durante 25 años, Robert Greene ha ofrecido lecciones sobre aspectos humanos como el poder, la seducción, la estrategia y la psicología. "Las leyes diarias" recopila su sabiduría en 366 meditaciones, una para cada día del año, que abarcan temas como el liderazgo, la adversidad y la productividad, entre otros. Ryan Holiday se inspiró en este libro para escribir su bestseller "Diario para estoicos".

TU MEJOR VERSIÓN EN 12 SEMANAS de SANJAY GUPTA

Una guía transformadora con un enfoque paso a paso para cambiar hábitos arraigados y mejorar nuestra calidad de vida. Al seguir estos consejos, podremos reducir la ansiedad, mejorar el sueño y aumentar la energía, la claridad mental y la resistencia al estrés. Esta guía esencial nos permite adoptar comportamientos saludables y experimentar una transformación en solo 12 semanas.

MEJORA TU CEREBRO CADA DÍA de DANIEL G. AMEN

366 prácticas diarias para mejorar tu cerebro, tu mente y tu vida. Daniel G. Amen, psiquiatra y neurocientífico con más de 40 años de experiencia, comparte hábitos diarios para mejorar el cerebro, potenciar la memoria y aumentar la felicidad. Estos hábitos promueven la gestión de la mente, la superación del estrés, la búsqueda de propósito y el aprendizaje para una vida saludable y exitosa.

TU PAREJA IDEAL de LOGAN URY

Explora cómo nuestras decisiones influyen en nuestras relaciones amorosas. La autora, psicóloga y científica del comportamiento, combina investigación y experiencia personal para ofrecer estrategias prácticas sobre cómo encontrar y mantener el amor, guiándonos hacia relaciones sanas y significativas. Su profundo conocimiento del comportamiento humano y las relaciones hace que este libro sea una herramienta esencial para encontrar y mantener el amor.

CÓMO CALMAR TU MENTE de CHRIS BAILEY

Conjunto de estrategias respaldadas por la ciencia para superar la ansiedad y ser más productivo. Bailey, experto en productividad, reconoce la importancia de la calma para equilibrar su enfoque en la productividad. Al aprender a reducir el estrés y desarrollar la calma, no solo nos sentimos mejor, sino que permite que nuestros esfuerzos sean sostenibles a lo largo del tiempo.

INTELIGENCIA EMOCIONAL, 3A EDICIÓN de HARVARD

La tercera edición de 'Inteligencia Emocional' ofrece conocimientos actualizados sobre el complejo universo de las emociones y herramientas que te ayudarán a mejorar tus habilidades para gestionarlas y relacionarte eficazmente. Este libro recopila artículos de Harvard Business Review escritos por expertos en psicología, marketing, liderazgo y cambio organizacional, incluido Daniel Goleman.

UN MUNDO SIN E-MAIL de CAL NEWPORT

Newport argumenta que la comunicación digital constante nos impide ser realmente productivos, y expone una serie de principios e instrucciones para corregirlo: procesos de trabajo más definidos, menos tareas administrativas y una comunicación optimizada. Este libro te ayudará a implementar cambios audaces en la gestión del trabajo.

DIARIO PARA PADRES ESTOICOS de RYAN HOLIDAY

Del autor del bestseller 'Diario para estoicos', presentamos este nuevo libro, especialmente dirigido a aquellas personas interesadas en utilizar las valiosas enseñanzas y principios de la filosofía estoica en la crianza de sus hijos. 'Diario para Padres Estoicos' te brinda una perspectiva fresca y consejos prácticos para cada etapa del emocionante y desafiante viaje en la vida de tus hijos.

LAS LEYES DE LA NATURALEZA HUMANA de ROBERT GREENE

Del autor de "Las 48 leyes del poder", bestseller del New York Times, llega la nueva obra de Robert Greene, que te ayudará a comprender el comportamiento humano. A través de ejemplos como Pericles y Martin Luther King Jr., Greene ofrece tácticas para desarrollar la empatía, dominar el autocontrol y ver más allá de las apariencias, promoviendo el éxito y la superación personal en diversas áreas de la vida.

DIARIO PARA ESTOICOS de RYAN HOLIDAY

Una guía fascinante para transmitir la sabiduría estoica a una nueva generación de lectores y mejorar nuestra calidad de vida. Su Agenda es un complemento perfecto para una reflexión más profunda sobre el estoicismo, así como indicaciones diarias y herramientas estoicas de autogestión.

Disponibles también en formato **e-book.**

Solicita más información en revertemanagement@reverte.com
www.revertemanagement.com
@revertemanagement

Gracias